ভালো থাকাটা কি খুব কঠিন?

মমিনুল আমিন

Made with ❤ on the Notion Press Platform

www.notionpress.com

ভালো থাকাটা কি খুব কঠিন?
জীবন বদলে দেওয়ার মত বই
সাফল্য, বন্ধুত্ব এবং ভালোবাসা
কে কিভাবে লেখ
প্রথম প্রকাশ
২০২১ সাল
দ্বিতীয় সংস্করণ
২০২২ সাল
শেষ সংস্করণ
২০২৬ সাল
একটি ভাবনার জন্ম,
সময়ের সাথে হয়েছে পরিচিতি—
আর এখনও চলছে পথচলা...
পাঠকদের ভালোবাসায়
আরও সমৃদ্ধ, আরও
পরিমার্জিত...
নতুন দৃষ্টিভঙ্গি, নতুন সংযোজন,
আরও গভীর, আরও
প্রাসঙ্গিক আজও...
লেখকের সাথে যোগাযোগ করুন
GMAIL
workwiththemomi@gmail.com
আপনার মতামত, পরামর্শ অথবা
যেকোনো সহযোগিতার জন্য
যোগাযোগ করতে পারেন।
জীবনকে ভালোভাবে বাঁচতে শিখুন, কারণ—এটাই একমাত্র পথ।

Acknowledgments (কৃতজ্ঞতা স্বীকার)

প্রথমেই আমি মহান সৃষ্টিকর্তার প্রতি কৃতজ্ঞতা জানাই, যিনি আমাকে এই বইটি লেখার শক্তি, ধৈর্য এবং সুযোগ দিয়েছেন।

এরপর আমি আমার বাবা-মার প্রতি গভীর কৃতজ্ঞতা প্রকাশ করছি। তাদের ভালোবাসা, ত্যাগ এবং অবিরাম সমর্থন ছাড়া আমি আজ এই জায়গায় পৌঁছাতে পারতাম না। জীবনের প্রতিটি ধাপে তারা আমাকে পথ দেখিয়েছেন, সাহস জুগিয়েছেন এবং সবসময় আমার পাশে থেকেছেন।

আমার বন্ধুদের প্রতিও আমি কৃতজ্ঞ। তাদের সঙ্গে কাটানো সময়, আলোচনা এবং অভিজ্ঞতাগুলো এই বইটির অনেক ভাবনা ও উপলব্ধিকে গড়ে তুলতে সাহায্য করেছে।

বিশেষভাবে ধন্যবাদ জানাই সেই সকল মানুষকে, যারা সরাসরি বা পরোক্ষভাবে আমাকে অনুপ্রাণিত করেছেন— হয়তো তাদের কোনো কথা, কোনো আচরণ, কিংবা কোনো ঘটনা আমার ভাবনার জগৎকে বদলে দিয়েছে।

এছাড়াও আমি কৃতজ্ঞ আমার পাঠকদের প্রতি। আপনাদের ভালোবাসা, মতামত এবং সমর্থনই আমাকে এই বইটির দ্বিতীয় সংস্করণ লেখার সাহস দিয়েছে। আপনারাই আমার লেখার আসল শক্তি।

সবশেষে, আমি নিজেকেও ধন্যবাদ জানাই—কারণ সব বাধা, সন্দেহ এবং সীমাবদ্ধতার মাঝেও আমি হাল ছাড়িনি।

মমিনুল আমিন

দ্বিতীয় সংস্করণ

কেন এই বইয়ের দ্বিতীয় সংস্করণ?

এই বইটি পুনরায় লেখার পেছনে রয়েছে একাধিক কারণ এবং কিছু বাস্তব সমস্যার সম্মুখীন হওয়া।

প্রথমত, এটি ছিল আমার জীবনের প্রথম বই। সেই কারণে আমার অভিজ্ঞতা ছিল খুবই সীমিত। তাছাড়া আমি সাহিত্য নিয়ে প্রাতিষ্ঠানিকভাবে পড়াশোনা করিনি, ফলে ভাষা ও সাহিত্য বিষয়ক জ্ঞানও খুব বেশি সমৃদ্ধ ছিল না। এর ফলেই প্রথম সংস্করণে বেশ কিছু ভুল থেকে গিয়েছিল—বিশেষ করে বানান ও ভাষাগত ত্রুটি।

দ্বিতীয়ত, একটি বড় সমস্যার মুখোমুখি হতে হয়েছিল—বইটির মূল ফাইলটি সম্পূর্ণরূপে আমার কাছ থেকে ডিলিট হয়ে গিয়েছিল। যার ফলে আমি "ভালো থাকাটা কি খুব কঠিন" বইটির কোনো অ্যাক্সেস পাচ্ছিলাম না। সেই পরিস্থিতিই আমাকে বইটি নতুন করে, নতুনভাবে লেখার প্রেরণা দেয়।

এই নতুন সংস্করণে বইটির নামও পরিবর্তন করা হয়েছে। "ভালো থাকাটা কি খুব কঠিন" নামটি পরিবর্তন করে রাখা হয়েছে—

"কেন আমরা ভালো নেই"

শুধু নামই নয়, বইটির বিষয়বস্তুতেও যথাসাধ্য সংশোধন ও পরিবর্তন আনা হয়েছে, যাতে এটি আগের তুলনায় আরও পরিষ্কার, সহজবোধ্য এবং উপকারী হয়ে ওঠে।

তবুও আমরা মানুষ, তাই ভুল থেকে যাওয়ার সম্ভাবনা একেবারেই অস্বীকার করা যায় না। যদি কোথাও কোনো ত্রুটি আপনার চোখে পড়ে, তাহলে অবশ্যই আমাদের জানাবেন। আপনার মতামত ও পরামর্শ আমাদেরকে ভবিষ্যতের সংস্করণগুলো আরও উন্নত করতে সাহায্য করবে।

আশা করি, আগের মতোই এই বইটিকেও আপনারা ভালোবাসা ও সমর্থন দিয়ে গ্রহণ করবেন।

মমিনুল আমিন
ইতি

Why
Not
Me?

অধ্যায়: জীবন ও কর্ম—লেখক মমিনুল আমিন

পরিচিতি

মমিনুল আমিন সমকালীন বাংলা সাহিত্যের এক উদীয়মান নাম, যিনি একাধারে লেখক, উদ্যোক্তা এবং প্রযুক্তিনির্ভর কন্টেন্ট নির্মাতা হিসেবে পরিচিত। জীবনের বাস্তব অভিজ্ঞতা, সম্পর্কের জটিলতা এবং মানুষের অন্তর্গত অনুভূতিগুলিকে সহজ অথচ গভীর ভাষায় প্রকাশ করাই তাঁর লেখনীর প্রধান বৈশিষ্ট্য।

জন্ম ও পারিবারিক পটভূমি

২০০১ সালে পশ্চিমবঙ্গের মুর্শিদাবাদ জেলায় এক সচ্ছল ও শিক্ষিত পরিবারে তাঁর জন্ম। যদিও তাঁর জন্ম গ্রামবাংলার পরিবেশে, তবে শৈশব থেকেই তিনি আধুনিক শিক্ষা ও সাংস্কৃতিক পরিমণ্ডলের সঙ্গে পরিচিত হওয়ার সুযোগ পান। তাঁর পরিবার সামাজিক ও শিক্ষাগতভাবে সুপ্রতিষ্ঠিত হওয়ায় ছোটবেলা থেকেই তিনি একটি সুসংগঠিত ও উন্নত পরিবেশে বেড়ে ওঠেন।

শিক্ষাজীবন

মমিনুল আমিনের শিক্ষাজীবন বৈচিত্র্যময় ও বিস্তৃত। প্রাথমিক পর্যায় থেকে তিনি নিজ জেলার বাইরে বিভিন্ন স্বনামধন্য স্কুল ও শিক্ষাপ্রতিষ্ঠানে পড়াশোনা করেছেন। এই বহুমাত্রিক শিক্ষার পরিবেশ তাঁর দৃষ্টিভঙ্গিকে প্রসারিত করে এবং তাকে ভিন্ন ভিন্ন সংস্কৃতি, চিন্তাধারা ও জীবনের বাস্তবতার সঙ্গে পরিচিত হতে সহায়তা করে।

তিনি পরবর্তীকালে প্রকৌশল (ইঞ্জিনিয়ারিং) বিষয়ে উচ্চশিক্ষা লাভ করেন এবং পদার্থবিজ্ঞান (ফিজিক্স) নিয়ে গভীরভাবে অধ্যয়ন করেন। এই বৈজ্ঞানিক দৃষ্টিভঙ্গি তাঁর চিন্তাশক্তিকে আরও যুক্তিনির্ভর ও বিশ্লেষণধর্মী করে তোলে, যা তাঁর লেখালেখি ও প্রযুক্তিগত কাজে সুস্পষ্টভাবে প্রতিফলিত হয়।

সাহিত্যজীবন

মমিনুল আমিন মূলত বাস্তবধর্মী এবং মননশীল লেখার জন্য পরিচিত। মানুষের ব্যক্তিগত জীবন, ভালোবাসা, বিচ্ছেদ, মানসিক দ্বন্দ্ব এবং আত্ম-অনুসন্ধানের বিষয়গুলো তাঁর লেখার প্রধান উপাদান।

তাঁর প্রথম প্রকাশিত গ্রন্থ **"ছেড়ে গেলে কেন?"** পাঠকমহলে ব্যাপক সাড়া ফেলে এবং তাঁকে পরিচিতির আলোচনায় নিয়ে আসে। বইটিতে তিনি সম্পর্কের ভাঙন, মানসিক কষ্ট এবং বিচ্ছেদের পর মানুষের অন্তর্দ্বন্দ্বকে বাস্তবসম্মতভাবে তুলে ধরেছেন। এই গ্রন্থটি বিশেষ করে তরুণ পাঠকদের মধ্যে গভীর প্রভাব বিস্তার করে।

পরবর্তীকালে তাঁর সাহিত্যকর্ম আরও বিস্তৃত হয় এবং তিনি বিভিন্ন ধারায় একাধিক গ্রন্থ রচনা করেন। তাঁর উল্লেখযোগ্য বইগুলোর মধ্যে রয়েছে—

"Are You Happy", **"Chara Gala Kano"**, **"Bholo Thacha Ki Koob Khotin"**,

এছাড়াও **"Islamic GK (Part 2)"**, **"হঠাৎ মাঝ রাতে ঘুম ভাঙলে কি মনে পড়ে"**,

"Advanced Computer", **"একগুচ্ছ অনুভূতি"** এবং **"গল্পের মতো তুমি আমি"**।

এই গ্রন্থগুলোর মাধ্যমে তিনি কখনো আত্মউন্নয়ন, কখনো ধর্মীয় জ্ঞান, কখনো প্রযুক্তিগত শিক্ষা এবং কখনো গভীর আবেগঘন গল্প—এই সমস্ত বিষয়কে সমান দক্ষতায় উপস্থাপন করেছেন। তাঁর লেখার বৈচিত্র্যই তাঁকে অন্যান্যদের থেকে আলাদা করে তোলে।

উদ্যোক্তা জীবন

সাহিত্যের পাশাপাশি মমিনুল আমিন ব্যবসায়িক ক্ষেত্রেও নিজস্ব অবস্থান তৈরি করেছেন। তিনি অনলাইন ফ্যাশন ব্র্যান্ড **"Devil x"**-এর প্রতিষ্ঠাতা, যা আধুনিক রুচি ও সাশ্রয়ী মূল্যের সমন্বয়ে তরুণ প্রজন্মের কাছে দ্রুত জনপ্রিয়তা অর্জন করেছে।

এর পাশাপাশি, তিনি শিক্ষা ক্ষেত্রের সঙ্গেও সক্রিয়ভাবে যুক্ত। তাঁর পিতা'র সঙ্গে যৌথ উদ্যোগে তিনি **"Golden Chariot Public School"** প্রতিষ্ঠা করেছেন। এই প্রতিষ্ঠানটির লক্ষ্য হলো আধুনিক ও মানসম্মত শিক্ষার মাধ্যমে নতুন প্রজন্মকে গড়ে তোলা। শিক্ষা বিস্তারে তাঁর এই উদ্যোগ তাঁর সামাজিক দায়িত্ববোধ ও দূরদর্শিতার পরিচয় বহন করে।

প্রযুক্তি ও বহুমুখী দক্ষতা মমিনুল আমিন প্রযুক্তিক্ষেত্রে একজন দক্ষ পেশাজীবী। তিনি ওয়েবসাইট ডেভেলপমেন্ট ও অ্যাপ নির্মাণে পারদর্শী এবং সাইবার সিকিউরিটি বিষয়ে বিশেষ জ্ঞান অর্জন করেছেন।

এছাড়াও তিনি বহুমুখী দক্ষতার অধিকারী। প্রযুক্তির পাশাপাশি তিনি মুভি মেকিং, ফটোগ্রাফি এবং ডিজিটাল কন্টেন্ট প্রোডাকশনের মতো সৃজনশীল ক্ষেত্রেও সমান পারদর্শিতা দেখিয়েছেন। এই বিভিন্ন দক্ষতার সমন্বয় তাঁর ব্যক্তিত্বকে আরও সমৃদ্ধ ও বহুমাত্রিক করে তুলেছে।

ডিজিটাল প্ল্যাটফর্মে তাঁর উপস্থিতি বহুমাত্রিক। তিনি একাধিক ইউটিউব চ্যানেল পরিচালনা করেন, যেখানে অডিওবুক, গল্পপাঠ এবং বিভিন্ন মোটিভেশনাল বিষয় নিয়ে নিয়মিত কন্টেন্ট প্রকাশ করেন। তাঁর উপস্থাপনায় জীবনের বাস্তবতা, আত্মউন্নয়ন এবং মানসিক দৃঢ়তার বিষয়গুলো সহজভাবে তুলে ধরা হয়, যা দর্শক ও শ্রোতাদের কাছে বিশেষভাবে গ্রহণযোগ্য।

উপসংহার

মমিনুল আমিন এমন একজন ব্যক্তি, যিনি সাহিত্য, প্রযুক্তি, ব্যবসা এবং শিক্ষা—এই চারটি ক্ষেত্রেই সমান দক্ষতার পরিচয় দিয়েছেন। তাঁর জীবন ও কর্ম থেকে প্রতীয়মান হয় যে, সঠিক দৃষ্টিভঙ্গি, পরিশ্রম এবং বহুমুখী দক্ষতা অর্জনের মাধ্যমে একজন মানুষ নিজেকে একটি পূর্ণাঙ্গ ব্যক্তিত্বে পরিণত করতে পারে।
তিনি বর্তমান প্রজন্মের জন্য এক অনুপ্রেরণার উৎস, যিনি নিজের অভিজ্ঞতা ও চিন্তার মাধ্যমে সমাজে ইতিবাচক প্রভাব বিস্তারের প্রয়াস চালিয়ে যাচ্ছেন।

সূচিপত্র

তুমি কেমন আছো?

আদৌ কি তুমি ভালো আছো?

তোমার সারা দিনটা ভালো গেছে?

যাদের সাথে তুমি প্রতিদিন সময় কাটাও, তারা কি সত্যিই তোমার কেয়ার করে?

দিনের শেষে কেউ কি তোমাকে জিজ্ঞাসা করে—
"তোর দিনটা কেমন গেল?"

দিনের শেষে কখনো মন খারাপ হয়?

কখনো কি মনে হয়...
মরতে ইচ্ছে করছে?

কখনো কি মনে হয়েছে—
যদি অতীতে ওই কাজটা করতাম, তাহলে হয়তো
আজকের এই পরিস্থিতিতে থাকতে হতো না?

রাতে ঠিকমতো ঘুম হয়?

এবার বলো...
আমার ওপর রাগ হচ্ছে না তো?

মনে হয় না—
পৃথিবীর মানুষগুলো তোমার সাথে অভিনয় করছে?

বাবা-মায়ের ওপর কখনো রাগ ওঠে না?

মনে হয় না তারা তাদের অপূর্ণ স্বপ্নগুলো তোমার
মাধ্যমে পূরণ করতে চাইছে?
যেগুলো তারা নিজেরা করতে পারেনি...

আর সেই স্বপ্নগুলোই তোমার কাছে বোঝা মনে হচ্ছে?

কখনো কি মনে হয়েছে—
এই দুনিয়াটাকে বদলে ফেলবে?

কখনো কি বিশ্বাস হয়েছে—
কালকের দিনটা আজকের চেয়ে ভালো হবে?

কোনো কিছু কেনার ইচ্ছে হয়নি?
কিন্তু সামর্থ্য না থাকার কারণে কিনতে পারোনি?

সবশেষে একটা প্রশ্ন—
তুমি কি সত্যিই খুশি?

মানে... ভালো আছো তো?

উপরের প্রশ্নগুলোর মধ্যে যদি একটার সাথেও তোমার মিল থাকে...
তাহলে এই কথাগুলো তোমার জন্য।

আমরা কি সমাজের কাছে খুব বেশি কিছু চাই?

একদমই না।

আমরা শুধু একটু ভালো থাকতে চাই,
একটু খুশি থাকতে চাই।

কিন্তু আমরা কি সেটা পাই?

এই প্রশ্নগুলোর উত্তর আমাকে দিতে হবে না।

নিজেকে প্রশ্ন করো...
আর নিজেই উত্তর দাও।

দেখো—
যে উত্তরগুলো দিচ্ছ, সেগুলো কি মন থেকে দিচ্ছ?
নাকি শুধু নিজেকে বোঝানোর জন্য?

সত্যি বলো তো—
তাতে কি তুমি সন্তুষ্ট?

হয়তো না।

একটা কথা তো আমরা সবাই জানি—
"আমি যাকে চাই, সে চায় অন্য কাউকে..."

কিন্তু আসল প্রশ্নটা হলো—
আমি কি সত্যিই জানি, আমি কেন তাকে চাই?

আমরা কি জানি?

না তো...

আমরা সবাই জীবনে বড় কিছু করতে চাই।

কেউ হতে চাই বিজনেসম্যান,
কেউ ফটোগ্রাফার,
কেউ কিছু আলাদা।

তাই পড়াশোনায় মন বসে না।
তাই পড়াটা বোঝা মনে হয়।

ঠিক বলছি তো?

কিন্তু একটা কথা বলো...

যা হতে চাও,
তার জন্য তুমি কী করেছো?

ধরো তুমি ফটোগ্রাফার হতে চাও—
কখনো কি এমন একটা ছবি তুলেছো, যেটা দেখে মনে হবে—
"হ্যাঁ, এটা একজন ফটোগ্রাফারের কাজ"?

করোনি, তাই তো?

তার মানে তুমি হতে চাও...
কিন্তু সেই জায়গায় পৌঁছানোর জন্য পরিশ্রম করতে চাও না।

আমরা সবসময় একটা কথা বলি—
"আমাকে কেউ বোঝে না..."

বাবা-মা না,
ভাই-বোন না,
বন্ধুরাও না...

কিন্তু একটা প্রশ্ন—
তুমি কি নিজেকে বোঝো?

মনে হয় না।

তাই তো?

আমি এতগুলো প্রশ্ন করে তোমাকে কনফিউজ
করতে চাইনি।

শুধু চাইছিলাম—
তুমি একবার নিজের সাথে কথা বলো।

কারণ তুমি যদি নিজেকেই না চেনো,
তাহলে দুনিয়ার মানুষ তোমাকে কীভাবে চিনবে?

তুমি কি কাউকে ভালোবাসো?

যদি ভালোবাসো—
তাহলে সে কি কখনো তোমাকে কষ্ট দেয়নি?

তার কথা, তার আচরণ—
তোমাকে আঘাত করেনি?

তুমি হয়তো বলতে চেয়েছো...
কিন্তু বলোনি।

কারণ—
ভয় ছিল।

যদি সে রেগে যায়?
যদি ঝগড়া হয়?
যদি... সে ছেড়ে চলে যায়?

এই ভয়টাই না?

আর যদি তুমি সিঙ্গেল হও—

তাহলে বন্ধুদের কাছে তোমার "ভ্যালু" নিয়ে প্রশ্ন ওঠেনি?

"তুই এখনো সিঙ্গেল কেন?"
"কাউকে পটাতে পারিস না?"

এসব শুনতে হয়নি?

বন্ধুর দামি ফোন, দামি গাড়ি দেখে—
তোমারও কি ইচ্ছে করে না?

কিন্তু কিনতে পারো না।

তখন কি ঈশ্বরের ওপর রাগ হয় না?

মনে হয় না—
"আমার যোগ্যতা তো ওর চেয়ে কম না... তাহলে ও পায়, আমি পাই না কেন?"

বন্ধুরা ভালো স্কুল, ভালো কলেজ পেয়েছে–
তাই তাদের রেজাল্ট ভালো।

আর তুমি সেই সুযোগ পাওনি–
তাই তোমার রেজাল্ট তেমন হলো না।

এটা কি কখনো মনে হয়নি?

বোরিং লাগছে?

না...
আমি বোরিং করছি না।

আমি শুধু তোমার মনের ভেতরে লুকিয়ে থাকা
প্রশ্নগুলোকে একটু জাগিয়ে তুলছি।

কারণ নিজের কাছে প্রশ্ন করা–
সবচেয়ে শক্তিশালী জিনিস।

কিন্তু সমস্যা হলো–

নিজেকে প্রশ্ন করার সময়ই তো নেই!

দিনের বেশিরভাগ সময় ফোনে...
তারপর ক্লান্তি...

নিজের জন্য সময়ই বের করো না।

যে মানুষটার জন্য তুমি সারাদিন অপেক্ষা করতে পারো...
তার জন্য সময় আছে।

কিন্তু নিজের জন্য নেই?

তাহলে বলো—
পৃথিবীর মানুষ কেন তাদের সময় বের করে তোমার জন্য থাকবে?

তুমি কি ভাবো—
এই যে তোমার বর্তমান অবস্থা, এটা সারাজীবন থাকবে?

যদি ভালো থাকো—
তাহলে কি সবসময় এমনই থাকবে?

না।

আর যদি খারাপ থাকো—
তাহলেও এটা সারাজীবন থাকবে না।

কারণ একটা সত্যি—

পৃথিবীর প্রতিটা জিনিসের বিপরীত আছে।

ভালো আছে?
খারাপ আসবে।

খারাপ আছো?
ভালো আসবে।

তাই—

ভালো থাকলে প্রস্তুত থাকো,
খারাপ থাকলে আশা রাখো।

ঈশ্বরকে বিশ্বাস করো?

করলে ভালো।
না করলে... শুরু করতে পারো।

কারণ ঈশ্বর থাকুক বা না থাকুক—
বিশ্বাসটা তোমার মনকে শান্তি দেবে।

কিছুক্ষণের জন্য হলেও—
তোমার কষ্টগুলো কাউকে দিয়ে দিতে পারবে।

আর সেটাই তো দরকার।

তুমি একা সব বোঝা বইতে পারবে না।

আমি যদি নিজের কথা বলি—

হ্যাঁ, আমি ঈশ্বরে বিশ্বাস করি।

আমি একটু ভীতুও।

সবসময় মনে হয়—
কেউ আমাকে দেখছে।

তাই কোনো খারাপ কাজ করার আগে—
মনের ভেতর প্রশ্ন আসে,
"এটা কি ঠিক?"

আর সেই প্রশ্নটাই আমাকে থামিয়ে দেয়।

শেষে একটা কথা—

"তুমি ভালো আছো?"
এই প্রশ্নটা অন্যের কাছ থেকে শোনার অপেক্ষা না করে...

প্রতিদিন নিজেকে একবার জিজ্ঞাসা করো—

"আমি কি সত্যিই ভালো আছি?"

যদি উত্তর হয় "না"—
তাহলে নিজেকে ভালো রাখার দায়িত্ব তোমাকেই
নিতে হবে।

কারণ...

তোমার নিজের যতটা দরকার,
তোমার মতো করে—
তোমাকে আর কেউ খেয়াল রাখবে না।

ভালো থাকাটা কি খুব কঠিন?

ভালো থাকাটা কি খুব কঠিন?

আমার তো মনে হয় না।

আসলে সমস্যা অন্য জায়গায়—
আমরা ঠিকমতো জানিই না, আমাদের ঠিক কতটা খুশি থাকতে হবে...
বা কতটা ভালো থাকলেই "ভালো থাকা" বলা যায়।

তাই কারণে-অকারণে মন খারাপ হয়ে যায়।

এই ধরো—

রাস্তায় যাচ্ছো, বা দোকানে বসে আড্ডা দিচ্ছো...
হঠাৎ একজন অচেনা লোক এসে তোমার নামে একটা খারাপ মন্তব্য করে গেল।

ব্যাস—
মুড অফ।

মন খারাপ।

কিন্তু একটা প্রশ্ন–

যার কথায় তুমি কষ্ট পেলে,
সে কি তোমাকে চেনে?

না।

তুমি কি তাকে চেনো?

না।

তাহলে তার একটা কথার এত দাম কেন?

আবার ধরো–

বিকেলে মাঠে গেলে খেলতে।

উদ্দেশ্য কি ছিল?

শরীরটা একটু ভালো হবে,
ফ্রেশ লাগবে,
হালকা বাতাস নেবে।

ঠিক তো?

মাঠে গিয়ে দেখলে কিছু ছেলে ক্রিকেট খেলছে।
তুমিও খেলতে নামলে।

প্রথম বলেই আউট।

তারপর মাথার ভেতর একটা কথা—

"আমার দ্বারা কিছু হবে না..."

এইটাই বললে, তাই না?

কিন্তু একটা কথা বলো—

তুমি কি মাঠে গিয়েছিলে ক্রিকেটার হতে?

নাকি নিজেকে একটু ভালো রাখার জন্য?

দেখো মজাটা কোথায়—

ফ্রেশ হতে গিয়ে
হতাশা নিয়ে বাড়ি ফিরলে।

এটা কি সত্যিই দরকার ছিল?

আমাদের চিন্তাধারা একটু খেয়াল করো—

আজ সারাদিন আমরা কি করলাম,
কি শিখলাম,
কি খেলাম...

এইগুলো ভাবার থেকে—

আমরা বেশি ভাবি—

আজ কে চাকরি পেল?
কার নতুন গার্লফ্রেন্ড হলো?
কে নতুন ফোন কিনলো?
কে নতুন বাইক নিলো?
কার বাড়ি হলো?

এইসবেই আমাদের বেশি ইন্টারেস্ট।

তাই না?

কিন্তু একটা প্রশ্ন—

এগুলো কি সত্যিই আমাদের দরকার?

না থাকলে কি আমরা বাঁচতে পারবো না?

যা নেই, সেটার জন্য কষ্ট...
যা আছে, সেটা নিয়েও অসন্তুষ্টি...

এই দুইটার মাঝখানেই তো আমরা আটকে আছি।

আর মজার ব্যাপারটা জানো?

যাদের জন্য তুমি কষ্ট পাচ্ছো,
যাদের কথা ভেবে তোমার মন খারাপ হচ্ছে—

তারা দিব্যি ভালো আছে।

একটা কথা মনে রাখো—

"Comparison is the thief of joy."
মানে—তুলনা তোমার আনন্দ চুরি করে নিয়ে যায়।

আমরা চাইলে আমাদের জীবনটাকে অনেকটাই নিয়ন্ত্রণ করতে পারি।

একইভাবে—
ভালো থাকাটাও অনেকটাই আমাদের নিজের হাতে।

আমি একটা ছোট্ট ঘটনা বলি—

আমি একটু সৌখিন টাইপের মানুষ।
আমার সবকিছু একটু পারফেক্ট থাকতে ভালো লাগে—
পোশাক-আশাক থেকে শুরু করে সবকিছু।

একদিন আমি আমার বন্ধু দেবজিতের সাথে দেখা করতে যাচ্ছিলাম।

আমি বাইক চালাতে জানি না,
তাই বাইরে গেলে কাউকে না কাউকে সাথে নিয়ে
যাই।

তো, যাওয়ার পথে হঠাৎ বৃষ্টি শুরু।

গন্তব্যে পৌঁছানোর আগেই একটা বাড়ির বারান্দায়
আশ্রয় নিতে হলো।

সেখানে আমি, দেবজিৎ...
আর একটা বৃদ্ধ লোক—
সাইকেল নিয়ে এসে দাঁড়ালো।

বারান্দায় একটা বস্তা ছিল, আমি সেটার ওপর
বসলাম।
দেবজিৎ সামনে দাঁড়িয়ে,
আর বৃদ্ধ লোকটা তার সাইকেলটা ঠিক করছিল।

বৃষ্টি পড়ছে...

আমি দেবজিতকে বললাম—
"এক কাপ চা নিয়ে আয়।"

সে চলে গেল।

এখন বারান্দায় শুধু আমি আর সেই বৃদ্ধ লোকটা।

হঠাৎ চোখ গেল তার পকেটের দিকে—

একটা ১০০ টাকার নোট,
আর দুটো ১০ টাকার নোট।

তারপর চোখ গেল আমার জুতোর দিকে...

আমি থমকে গেলাম।

মনে হলো—

আমি আসলে কাকে দেখানোর জন্য এত পারফেক্ট থাকতে চাই?

যে জিনিসগুলো নিয়ে আমি অহংকার করি—
সেগুলো হয়তো একজন মানুষের সারাদিনের
উপার্জনের চেয়েও বেশি।

সেদিন একটা অদ্ভুত ফিলিং হলো—

আমরা দুজন পাশাপাশি দাঁড়িয়ে,
কিন্তু মনে হচ্ছিল—
আমরা দুইটা সম্পূর্ণ আলাদা পৃথিবীর মানুষ।

আমার অনেক চাহিদা, অনেক স্বপ্ন...
আর তার?

শুধু একটাই—

"বৃষ্টি কখন থামবে, আমি বাড়ি যাবো।"

তার মুখের দিকে তাকিয়ে দেখলাম—

না কোনো অভিযোগ,
না কোনো হতাশা।

শান্ত।

একদম শান্ত।

সেই মুহূর্তে মনে হলো—

এই মানুষটা হয়তো আমার চেয়েও অনেক ধনী।

কারণ—

সে কাউকে কিছু প্রমাণ করতে চায় না।

সে যেমন, তেমনই।

আমি নিচের দিকে তাকালাম—

আমার সবকিছু পারফেক্ট।

তার কিছুই পারফেক্ট না।

কিন্তু—

সে নিজের মধ্যে শান্ত।

আর আমি?

অশান্ত।

সেদিন আমি বুঝেছিলাম—

ভালো থাকার আসল ফর্মুলা বাইরে নেই।

এটা ভেতরে।

সত্যি বলতে—

ভালো থাকার জন্য আমাদের এত কিছু দরকার নেই।

আমাদের চাহিদার কোনো শেষ নেই বলেই
আমাদের সমস্যারও শেষ নেই।

আমরা জানি না—

ঠিক কত টাকা হলে আমরা "ভালো" থাকবো।

কারণ—

টাকা বাড়লে চাহিদাও বাড়ে।

আর একসময়—

আমরা শুধু উপার্জন করতে থাকি...
বাঁচতে ভুলে যাই।

আমি বলছি না—
টাকা দরকার নেই।

অবশ্যই দরকার।

খুবই দরকার।

কিন্তু—

একটা সময় থামতে হয়।

একটু পিছনে তাকাতে হয়।

দেখতে হয়—
"আমার যা আছে, সেটা কি যথেষ্ট না?"

তুমি সামনে এগোও,
চেষ্টা করো,
স্বপ্ন দেখো—

সব করো।

কিন্তু একটা জিনিস ভুলে যেয়ো না—

তোমার কাছে যা আছে,
সেটাকেও মূল্য দাও।

আমরা অনেক সময়
ভালোবাসার মানুষকে ভালো রাখার জন্য
নিজে কষ্টে থাকি।

পরিবারকে ভালো রাখার জন্য
নিজে কষ্টে থাকি।

কিন্তু একটা সত্যি—

তুমি যদি কষ্টে থাকো,
তাহলে তোমার আপন মানুষগুলোও কখনো পুরোপুরি
ভালো থাকতে পারবে না।

আর যারা তোমাকে কষ্ট দিয়ে ভালো আছে—

তারা অন্তত তোমার "আপন" না।

তাই—

জিনিসগুলো একটু বুঝো...

নিজেকে একটু সময় দাও...

আর মাঝে মাঝে নিজেকে জিজ্ঞাসা করো—

"আমি কি অযথা নিজেকে কষ্ট দিচ্ছি?"

মানিয়ে নাও
বদলে ফেলো
ভয়
অলস
অলসতা
হতাশা
অজুহাত
অবিশ্বাস
পরিশ্রম
বিশ্বাস
ধৈর্য
লক্ষ্য
সাফল্য
“পরিস্থিতিটাকে মানিয়ে নাও,
না হলে পরিস্থিতি বদলে ফেলো!”

জীবন মানেই পরীক্ষা

দেখবেন, একটা কথা আমরা সবাই শুনেছি—

“পরিস্থিতিটাকে মানিয়ে নাও,
না হলে পরিস্থিতি বদলে ফেলো।”

মানে—

আপনার অবস্থা যদি খারাপ হয়—
সেটা আর্থিক দিক দিয়ে হোক,
বা শারীরিক দিক দিয়ে—

তাহলে দুটো রাস্তা আছে।

এক—
মানিয়ে নিন।

দুই—
বদলে ফেলার চেষ্টা করুন।

এর বাইরে তৃতীয় কোনো রাস্তা নেই।

কারণ—

আপনি যদি না মানাতে পারেন,
না বদলাতে পারেন...

তাহলে আপনি মাঝখানে আটকে থাকবেন।

আর এই "মাঝখানে আটকে থাকা" জায়গাটাই সবচেয়ে বেশি কষ্টের।

যেটা সবচেয়ে মজার বিষয়—

আমরা জীবনে বেশিরভাগ কাজই করি একটা কারণেই—

যাতে পরে আমাদের আর কষ্ট করতে না হয়।

ঠিক বলছি তো?

এই ধরুন—

সবাই জানে ব্যবসায় অনেক টাকা,
সরকারি চাকরির থেকেও বেশি।

তবুও সবাই সরকারি চাকরির পিছনে দৌড়ায় কেন?

কারণ—

তারা ভাবে,
"একবার চাকরিটা পেয়ে গেলে...
লাইফ সেট!"

আর খুব বেশি খাটতে হবে না।

মানে আমরা কি?

আমরা একটু... অলস।

খারাপ অর্থে বলছি না,
কিন্তু সত্যিটা এইটাই।

আমরা চাই—

সবসময় ভালো থাকবো।

আর আমাদের কাছে "ভালো থাকা" মানে কি?

কাজ না করে চুপচাপ বসে থাকা।

সবচেয়ে ভালো লাইফটা কেমন জানেন?

যদি কেউ এসে বলে—

"তুমি বাড়িতে বসে থাকো,
আমি তোমাকে মাসে মাসে টাকা দেবো।"

শুনতে ভালো লাগে তো?

কিন্তু একটা প্রশ্ন—

এটা কি সত্যিই "ভালো থাকা"?

নাকি শুধু "আরাম করা"?

চলুন, একটা জিনিস সহজ করে বুঝি—

আমার পড়ার ঘরে একটা কাগজে লিখে লাগানো আছে—

"যা তুমি বদলাতে পারবে না,
তা কখনোই বদলানোর চেষ্টা করো না।
বরং সেটাকে মানিয়ে নেওয়ার চেষ্টা করো।"

কারণ—

অনেক জিনিস আছে,
যা তুমি হাজার চেষ্টা করলেও বদলাতে পারবে না।

সেই জিনিসগুলো নিয়ে যদি তুমি প্রতিদিন লড়াই করো—

তাহলে তুমি ক্লান্ত হয়ে পড়বে।

আর যদি সেগুলো মেনে নিতে শিখো—

তাহলে তোমার জীবন অনেক সহজ হয়ে যাবে।

একটা ছোট্ট লাইন মনে রাখো—

"Acceptance doesn't mean giving up, it means understanding reality."

এবার আসি জীবনের সবচেয়ে বড় সত্যিটায়—

জীবন মানেই পরীক্ষা।

তুমি যতদিন বেঁচে থাকবে,
ততদিন পরীক্ষা চলতেই থাকবে।

তুমি যদি ভাবো—

"এই একটা কাজ শেষ হলেই সব শেষ...
এরপর আর কোনো সমস্যা আসবে না..."

তাহলে এখানেই ভুল করছো।

কারণ—

তুমি যখন ওই জায়গায় পৌঁছাবে,
তারপরের পরীক্ষার জন্য তুমি প্রস্তুত থাকবে না।

আর সেখানেই তুমি হঠাৎ করে ভেঙে পড়বে।

স্কুলের একটা উদাহরণ দিই—

আমরা যখন ছোট ছিলাম,
“পরীক্ষা” শব্দটা শুনলেই—

মনে হতো যেন অপারেশন থিয়েটারে যাচ্ছি!

ভয়, টেনশন, ঘাম...

কিন্তু খেয়াল করেছেন?

ক্লাসে কিছু ছাত্র ছিল—

যারা পরীক্ষা আসছে শুনে খুশি হয়ে যেত।

একই ক্লাস,
একই বয়স,
একই বই...

তাহলে পার্থক্য কোথায়?

কারণটা একটাই—

তারা আগে থেকেই প্রস্তুতি নিত।

অল্প অল্প করে।

ফলে—

যখন পরীক্ষা আসতো,
তাদের কাছে সেটা "ভয়" না হয়ে
"চ্যালেঞ্জ" হয়ে যেত।

আর আমরা?

আমরা শেষ মুহূর্তে পড়তে বসতাম...

তাই পরীক্ষাটা আমাদের কাছে দুঃস্বপ্ন হয়ে যেত।

সবচেয়ে মজার ব্যাপারটা কি জানেন?

প্রথম বেঞ্চের ছাত্ররা যখন "পরীক্ষা" শব্দটা শুনতো—

তাদের মাথায় আসতো—

ভালো রেজাল্ট,
বাবা-মার হাসি,
শিক্ষকদের প্রশংসা।

আর আমরা?

আমাদের মাথায় আসতো—

খারাপ রেজাল্ট,
বাবা-মার বকা,
শিক্ষকের সামনে অপমান।

দেখলেন?

পরীক্ষা একটাই—
ভাবনা আলাদা।

জীবনটাও ঠিক এমনই।

তোমার সামনে সমস্যা আসবে—

এটাই নরমাল।

কিছু সমস্যা খুব কঠিন হবে,
যেগুলো তুমি একদিনে সমাধান করতে পারবে না।

আবার কিছু সমস্যা খুব ছোট হবে—

যেগুলো তুমি সহজেই পার হয়ে যাবে।

ঠিক যেমন—

স্কুলের পরীক্ষায় কখনো কঠিন প্রশ্ন,
কখনো সহজ প্রশ্ন।

কিন্তু সবচেয়ে গুরুত্বপূর্ণ কি জানো?

তোমাকে পরীক্ষায় বসতেই হবে।

তুমি যদি পরীক্ষা এড়িয়ে যাও—

তাহলে তুমি কখনোই বুঝতে পারবে না
তুমি আসলে কতটা সক্ষম।

একবার ভাবো—

যদি পৃথিবীতে কোনো পরীক্ষা না থাকতো—

তাহলে আমরা কিভাবে বুঝতাম
কে কতটা যোগ্য?

কিভাবে আমরা ভালো শিক্ষক বেছে নিতাম?

কিভাবে আমরা এক ক্লাস থেকে আরেক ক্লাসে উঠতাম?

পরীক্ষা আছে বলেই—

আমরা এক ধাপ থেকে আরেক ধাপে যেতে পারি।

ঠিক তেমনি—

জীবনের এই পরীক্ষাগুলো আছে বলেই
আমরা নিজেকে আরও ভালো করতে পারি।

তাই—

আজকের পর থেকে যখনই কোনো খারাপ পরিস্থিতিতে পড়বে...

একটু থামবে...

একটা ছোট্ট হাসি দিবে...

আর মনে মনে বলবে—

"এই ছোট্ট পরীক্ষার জন্য তো আমি আগেই প্রস্তুত ছিলাম।"

Life is unfair জীবন সবার জন্য সমান নয়

আমি অনেকগুলো বিষয় নিয়ে লেখালেখি করেছি।

কিন্তু যখনই "Life is unfair" এই বিষয়টা নিয়ে লিখতে বসি—
সত্যি বলছি, এটা আমার জন্য একটা আলাদা ধরনের পরীক্ষা হয়ে যায়।

কারণ—

এটা আমাদের জীবনের এমন একটা সত্য,
যেটা প্রত্যেক মানুষের জীবনে
হয় এসেছে...
না হয় আসতে বাকি আছে।

আপনি বিশ্বাস করুন বা না করুন—

এটা সত্যি যে,
আপনি জীবনে যা চাইছেন—

একটা সময় এসে সেটা পাওয়া
খুব কঠিন হয়ে যাবে।

মানে—

আপনি জীবনের কাছ থেকে যা চাইছেন—
সবটাই পাবেন না।

হয়তো তার চেয়ে বেশি পাবেন,
না হয় কম পাবেন।

এবার আসল প্রশ্ন—

Life is unfair মানে কি?

জীবন কেন সবার জন্য সমান না?

চলুন সহজ করে বুঝি—

আপনি প্রচুর পরিশ্রম করছেন,
দিন-রাত এক করে দিচ্ছেন...

কিন্তু তবুও আপনার লক্ষ্যে পৌঁছাতে পারছেন না।

এখানে পর্যন্ত ঠিক আছে।

কষ্টটা কখন শুরু হয় জানেন?

যখন আপনি দেখেন—

আপনার চেয়ে কম পরিশ্রম করে
আপনার কোনো বন্ধু
আপনার স্বপ্নের জায়গায় পৌঁছে গেছে।

তখন মনে হয়—

"এটা আমার সাথে কেন?"

আবার ধরুন—

আপনি ধীরে ধীরে নিজের ইচ্ছাগুলো পূরণ করছেন।

এক সময় বাইক কিনলেন...
তারপর কয়েক বছর পর একটা গাড়ি।

শুনতে ভালো লাগে, তাই না?

কিন্তু সমস্যা কোথায় জানেন?

যখন দেখেন—

আপনি যে সময়টা এই জিনিসগুলোর জন্য পরিশ্রম করছিলেন...

সেই সময়েই আপনার কোনো বন্ধু
এগুলো নিয়ে ঘুরে বেড়াচ্ছিল।

তখন মাথায় একটা কথাই আসে—

"আমি এত কষ্ট করে পেলাম...
আর ওরা কিছু না করেই পেয়ে গেল?"

সেখান থেকেই শুরু—

ভাগ্যকে দোষ দেওয়া।

"আমার সাথেই কেন এমন হয়?"
"আমি কি এমন পাপ করেছি?"
"ঈশ্বর আমার জন্য রাস্তা এত কঠিন করে দিল কেন?"

এই প্রশ্নগুলো কখনো মাথায় আসেনি?

সত্যি করে বলুন...

আসেই।

আমারও এসেছে।

অনেকবার এসেছে।

কারণ আমিও মানুষ।

একটা ছোট্ট ঘটনা বলি—

আমার এক বন্ধু প্রায়ই বলতো—

"দেখিস না, ওরা বাইক নিয়ে ঘুরছে,
মদ খাচ্ছে, লাইফটা এঞ্জয় করছে...
আমরা তো কিছুই করতে পারলাম না!"

আমি কিছু বলতাম না।

চুপচাপ শুনতাম।

কিছুদিন পর—

আমাকে সেই "এঞ্জয় করা" বন্ধুটাই ফোন করলো।

আমি জিজ্ঞেস করলাম—
"কি হয়েছে?"

সে বললো—

"আমি বড় বিপদে পড়েছি..."

ঘটনা কি?

যাদের সাথে সে মদ খেত—
সেই বন্ধুরাই
লুকিয়ে তার ভিডিও বানিয়েছে।

আর এখন সেই ভিডিও
তার পরিবারের সামনে দেখিয়ে
তাকে অপমান করছে।

শুনে কেমন লাগলো?

আরেকটু মজার ব্যাপার—

যে বন্ধুটা আগে আফসোস করছিল—

সে পরে এসে বলছে—

"ওদের মতো বন্ধু থাকলে জীবন শেষ!"

আমি তাকে বললাম—

"কদিন আগেই তো তুই ওদের মতো লাইফ চাইছিলি!"

চুপ।

এটাই সমস্যা।

ইন্টারনেট আমাদের সামনে শুধু "ফলাফল" দেখায়।

"প্রসেস" দেখায় না।

আমরা দেখি—

কেউ সফল হয়েছে।

কিন্তু—

সে কত রাত জেগেছে,
কতবার হেরেছে,
কতবার ভেঙে পড়েছে—

ওগুলো আমরা দেখি না।

একটা লাইন আছে—

"Don't compare your beginning to someone else's middle."

মানে—

তুমি যেখানে শুরু করছো,
সে হয়তো অনেক আগেই শুরু করেছে।

আরেকটা কথা—

তুমি যেটাকে unfair ভাবছো,
সেটা অন্য কারো কাছে স্বপ্ন।

আবার—

অন্য কেউ যেটাকে unfair ভাবছে,
সেটা তোমার কাছে স্বপ্ন।

তাহলে আসল সমস্যা কোথায়?

সমস্যা হলো—

আমরা নিজের জীবন না,
অন্যের জীবন নিয়ে বেশি ব্যস্ত।

এই জন্যই আমরা ভালো থাকতে পারি না।

আমরা সবসময় অন্যের জীবন দেখে
লোভী হয়ে যাই।

তুমি যেটাকে "খারাপ ঘটনা" ভাবছো—

একটু সময় নিয়ে ভেবে দেখো—

কেন তুমি সেটাকে খারাপ বলছো?

আমি নিজের একটা উদাহরণ দিই—

ছোটবেলা থেকে আমি হোস্টেলে পড়তাম।

বেশিরভাগ সময় একা থাকতাম।

বাড়িতে এলেও
কারো সাথে তেমন মিশতাম না।

আমার বন্ধু বলতে গেলে—

বই।

রবীন্দ্রনাথ,
বঙ্কিমচন্দ্র,
আরব্য রজনী...

এইগুলোই ছিল আমার সঙ্গী।

তখন আমি ভাবতাম—

"আল্লাহ আমার সাথে ভালো কিছু করেন না..."

"আমার তো কোনো বন্ধু নেই..."

কিন্তু...

যখন বড় হলাম,
মানুষের সাথে মিশতে শুরু করলাম—

তখন বুঝলাম—

আমি অনেক কিছু জানি,
যা আমার বয়সের অন্যরা জানে না।

কেন?

কারণ—

আমি যে সময়টা একা ছিলাম—
সেই সময়টা আমি বই পড়েছি।

আজ সেটা আমার advantage।

এই জন্যই হয়তো আমি আজ লিখতে পারছি।

তাহলে—

যেটা এক সময় আমার কাছে unfair ছিল—

আজ সেটা আমার strength।

জীবনটা ঠিক এমনই।

তোমার জীবনের খারাপ ঘটনাগুলোকে
তোমাকে advantage বানাতে হবে।

হ্যাঁ, এটা সত্যি—

ওই সময় তুমি বুঝবে না
এটা তোমার ভালো জন্য হচ্ছে।

কিন্তু বিশ্বাস করো—

একটা সময় পরে
সবকিছুর উত্তর পাবে।

একদিন তুমি নিজেই বলবে—

"যা যা আমার সাথে ঘটেছে—
সবই আমাকে কিছু না কিছু শিখিয়েছে।"

হয়তো কেউ তোমাকে ছেড়ে গেছে...
হয়তো কেউ আর নেই...

কিন্তু সেই ঘটনাগুলোই
তোমাকে আজকের তুমি বানিয়েছে।

তাই—

একটা জিনিস করো—

অন্যদের নিয়ে কম ভাবো।

নিজেকে নিয়ে বেশি ভাবো।

কারণ—

তুমি যত বেশি অন্যদের নিয়ে ভাববে—
তত বেশি কষ্ট পাবে।

আর যত বেশি নিজেকে বুঝবে—
তত বেশি শান্তি পাবে।

আবার বলছি—

তোমার সাথে ঘটে যাওয়া খারাপ ঘটনাগুলো নিয়ে ভাবো।

তার ভেতর থেকে উত্তর খুঁজে বের করো।

দূরে যেতে হবে না।

আজ তুমি যেখানে দাঁড়িয়ে আছো—

একটু পিছনে তাকাও...

দেখবে—

অতীতের খারাপ ঘটনাগুলোর কারণেই
তুমি আজ এখানে।

হয়তো তুমি তোমার চাওয়া জায়গায় নেই...

কিন্তু—

অন্য কোনো জায়গায়
তুমি অনেকটা এগিয়ে গেছো।

তাই—

নিজেকে সময় দাও।

পৃথিবীকে খোঁজার আগে
নিজেকে খুঁজে বের করো।

কারণ—

তুমি নিজেই একটা অমূল্য সম্পদ।

প্রতিদিন একটু একটু করে
নিজেকে আবিষ্কার করো।

দেখবে—

একদিন অবাক হয়ে যাবে...

ভাববে—

"আমার ভেতরে এত কিছু ছিল!"

কিন্তু—

একটা জিনিস মনে রাখবে—

অহংকারী হয়ে যেয়ো না।

কারণ—

এই সবকিছুই
ঈশ্বর বা আল্লাহর দেওয়া সবচেয়ে বড় উপহার।

একটা ভুলই যথেষ্ট

প্রত্যেকদিন যেমন আমরা খাবার খাই, ঠিক তেমনি আমরা প্রত্যেকদিন কিছু না কিছু মিস্টেক বা ভুল করি।

ভুল করা কোনো অপরাধ নয়–এটা যেমন ঠিক, ঠিক তেমনি ভুল করা কিন্তু একটা বড় ধরনের অপরাধও বটে, যদি সেই ভুলটা আমরা বুঝেও বারবার করতে থাকি।

সবচেয়ে গুরুত্বপূর্ণ বিষয় হলো, আমরা যতই চেষ্টা করি না কেন, আমরা আমাদের জীবন থেকে সম্পূর্ণরূপে ভুল করা বন্ধ করতে পারি না। আমরা শুধুমাত্র যেটা করতে পারি, সেটা হলো এই ভুলগুলোর পরিমাণ ধীরে ধীরে কমিয়ে আনা।

মানে সহজ করে বললে, যদি আপনি আগে ১০০টা ভুল করতেন, তাহলে হয়তো এই বইটা পড়ার পরে সেটা ১৫ বা ১০-এ নেমে আসবে।

আর যদি কেউ আপনাকে বলে যে সে আপনাকে সম্পূর্ণরূপে ভুল করা থেকে বিরত রাখবে–

তাহলে বিশ্বাস করুন, সে আপনাকে সম্পূর্ণ মিথ্যা কথা বলছে। অথবা তার পেছনে কোনো না কোনো সুপ্ত উদ্দেশ্য আছে।

সবচেয়ে মজার ব্যাপারটা হলো–ভুল করা একদমই খারাপ কিছু না। বরং এই ভুলগুলোর মাধ্যমেই আমরা প্রতিদিন একটু একটু করে নিজেদেরকে উন্নত করছি।

আপনার মনে আছে?

যখন আপনি ছোট ছিলেন, বারবার ব্ল্যাকবোর্ডে "অ" লিখতেন, আবার কাপড় দিয়ে মুছে দিতেন।

মানে বারবার ভুল করতেন বলেই আজ আপনি পুরো বাংলা ভাষা শিখতে পেরেছেন।

আবার যখন আপনি ছোট ছিলেন, বারবার পড়ে যাওয়ার কারণেই কিন্তু হাঁটা শিখেছেন।

এই ছোট ছোট ভুলগুলো করেছেন বলেই আজ আপনি অনেকটা সঠিক জায়গায় আছেন।

তাহলে সহজ করে বললে–

আমরা যত বেশি ভুল করব, তত বেশি শিখব, তত বেশি উন্নত হবো।

কিন্তু সবচেয়ে বড় সমস্যাটা কোথায় জানেন?

আমাদের বুঝতে হবে–কোন ভুলটা আমাদের জন্য ভালো, আর কোন ভুলটা আমাদের জন্য ধ্বংসের কারণ হতে পারে।

এই অধ্যায়ে আমি আপনাকে সেটাই বোঝানোর চেষ্টা করব–

কোনটা আপনার জন্য ভুল, আর কোনটা ঠিক।

আরও সহজ করে বললে–

আমি আপনাকে এমন একটা ধারণা দেব, যার ফলে আপনি কোনো ভুল করার আগে অন্তত একবার ভাববেন–

"এটা আমার জন্য ক্ষতিকারক, না উপকারী?"

✦ ঘটনা – ১

আমার এক দূরসম্পর্কের ভাই ছিল। সে একটা দোকানে কাজ করত।

একদিন হঠাৎ দুপুর ১২টার সময় বাড়িতে এসে তার মাকে জিজ্ঞাসা করল–

"মা, আজকে কী রান্না হয়েছে?"

তার মা বলল–

"আলু ভাত, পোস্ত আর ডাল আছে।"

সে হঠাৎ প্রচণ্ড রেগে গেল।

রেগে গিয়ে বলল–

"প্রতিদিন একই খাবার! আমি আর খাব না!"

সে চিৎকার করছিল। তখন তার বাবা পাশের ঘর থেকে এসে তাকে একটা থাপ্পড় মারে।

এরপর সে রাগের মাথায় জামা গায়ে দিয়েই বাড়ি থেকে বেরিয়ে যায়।

সন্ধ্যা হয়ে গেল, কিন্তু সে আর বাড়ি ফেরে না।

তখন সবাই খোঁজাখুঁজি শুরু করে।

অনেক খোঁজার পরে খবর পাওয়া যায়—সে রেললাইনের ধারে গেছে।

সবাই সেখানে গিয়ে যা দেখল, সেটা বলার মতো না…

তার শরীরের অংশগুলো আলাদা হয়ে পড়ে ছিল।

এই ধরনের ঘটনা আমাদের আশেপাশে প্রায়ই ঘটে।

আমরা সবাই রাগ করি–এটা স্বাভাবিক।

কিন্তু আমরা সবাই কি সেই ছেলেটার মতো সিদ্ধান্ত নিই? না।

এই গল্পটা বলার কারণ হলো–

রাগের মাথায় নেওয়া সিদ্ধান্ত আমাদের জীবন শেষ করে দিতে পারে।

মনোবিজ্ঞানে একটা কথা আছে–

"Anger reduces your ability to think logically."

মানে, রাগ হলে আমাদের চিন্তা করার ক্ষমতা কমে যায়।

তাই রাগের সময় নেওয়া সিদ্ধান্ত = ৯০% ভুল।

✦ ঘটনা – ২

রেহান নামে আমার একটা বন্ধু ছিল।

ছেলেটা খুব মেধাবী, ভালো পরিবার থেকে আসা, আর জীবনের প্রতি তার দৃষ্টিভঙ্গি ছিল আলাদা।

সে নিজেকে খুব ভালোবাসত।

এই কারণেই তার কোনো গার্লফ্রেন্ড ছিল না।

তার একটা খুব কাছের বন্ধু ছিল।

সে শুধুমাত্র ওই একজনের সাথেই বেশি সময় কাটাত।

ধীরে ধীরে সে অন্য সবার থেকে দূরে সরে গেল।

সে বুঝতেই পারল না–

কখন সে ওই বন্ধুর উপর নির্ভরশীল হয়ে পড়েছে।

তারপর শুরু হলো আসল সমস্যা।

ওই বন্ধু যখন ইচ্ছা তাকে কল করত, কিন্তু রেহান কল করলে ধরত না।

অজুহাত– "ব্যস্ত ছিলাম।"

কিন্তু রেহান যদি একবার কল মিস করত–

তাহলে রাগ, ঝগড়া, নাটক।

রেহান কষ্ট পেত, কিন্তু কিছু বলত না।

যখন বলার চেষ্টা করত, তখন ওই বন্ধু বলত–

"ঠিক আছে, তাহলে আর কথা বলব না।"

আর রেহান সঙ্গে সঙ্গে ক্ষমা চেয়ে নিত।

ধীরে ধীরে সে ভেঙে পড়ছিল।

এমনকি টাকা পর্যন্ত ধার করে ওই বন্ধুর পেছনে খরচ করত।

শেষ পর্যন্ত–

ঋণের চাপ, মানসিক কষ্ট···

সব মিলিয়ে সে আত্মহত্যা করে।

এই ধরনের মানুষ আমাদের জীবনেও আসে।

মনোবিজ্ঞানে একে বলে–

Toxic Relationship (বিষাক্ত সম্পর্ক)

এই সম্পর্কগুলো ধীরে ধীরে আমাদের শেষ করে দেয়।

একটা কথা মনে রাখবেন–

“Attachment without awareness is destruction.”

মানে, আপনি বুঝে না বুঝে যদি কারো উপর নির্ভরশীল হয়ে যান–

তাহলে সেটা ধ্বংস ডেকে আনবে।

✦ গুরুত্বপূর্ণ শিক্ষা

যখনই দেখবেন আপনি কোনো কিছুর উপর আসক্ত হয়ে পড়ছেন–

সেটা মানুষ হোক, সম্পর্ক হোক, বা অন্য কিছু–

সাথে সাথে নিজেকে থামান।

কারণ ছোট ভুলগুলোই একসময় বড় ভুলে পরিণত হয়।

একটা ছোট আগুন যেমন পুরো বন জ্বালিয়ে দিতে পারে–

ঠিক তেমনি ছোট ভুল পুরো জীবন নষ্ট করতে পারে।

✦ কোন ভুলগুলো দরকার?

সব ভুল খারাপ না।

যেমন–

পরীক্ষায় ফেল করা

কোনো কাজে ব্যর্থ হওয়া

এই ভুলগুলো আপনাকে শেখায়।

Albert Einstein বলেছিলেন:

"Anyone who has never made a mistake has never tried anything new."

মানে–যে কখনো ভুল করেনি, সে কখনো নতুন কিছু করার চেষ্টা করেনি।

✦ শেষ কথা

ভুল করবেন–এটাই স্বাভাবিক।

কিন্তু ভুল থেকে শিখবেন–এটাই বুদ্ধিমানের কাজ।

ভুল আপনাকে তৈরি করবে, যদি আপনি সেটা থেকে শিক্ষা নেন।

আর ভুল আপনাকে ধ্বংস করবে, যদি আপনি সেটা বুঝেও এড়িয়ে যান।

বন্ধু বন্ধু বন্ধু আমাদের সুখের সাথী, আমাদের দুঃখের সাথী

বন্ধু বন্ধু বন্ধু...

আমাদের সুখের সাথী, আমাদের দুঃখের সাথী,
এমনকি আমাদের খারাপ কাজগুলোরও সাথী।

আমরা কেমন থাকবো—ভালো না খারাপ—
এটা অনেকটাই নির্ভর করে আমাদের আশেপাশের
মানুষগুলোর উপর।

এটা আপনি জানেন তো?

মানে আমরা কী করবো, কেমন থাকবো—
তার অনেকটাই আমাদের বন্ধুদের হাতে থাকে।

একটু অবাক লাগলেও... এটা সত্যি।

আপনি হয়তো ভাবছেন—
“না, এগুলো তো আমাদের নিজের হাতে!”

তাহলে আপনি একটু ভুল ভাবছেন।

যেমন ধরুন, আপনার চারজন বন্ধু আছে।
আপনি আপনার বেশিরভাগ অবসর সময় তাদের সাথেই কাটান।

আপনি ছাড়া তাদের কারোর জীবনের তেমন কোনো লক্ষ্য নেই।
দিনের বেশিরভাগ সময় তারা নেশা করে বা গেম খেলে কাটায়।

আপনি যদি তাদের ভালো কিছু বোঝাতে যান—
জীবনের উদ্দেশ্য নিয়ে কথা বলেন—
তারা পাত্তাই দেবে না।

কিছুদিন পর দেখবেন—
আপনারও মনে হচ্ছে, “থাক, ওদের সাথে গেম খেলি।”

এভাবেই ধীরে ধীরে—
আপনার গেম খেলা নেশায় পরিণত হয়ে যাবে।

বা এক-দু'টা সিগারেট থেকে শুরু করে—
কখন আপনি নিজেই একজন নেশাগ্রস্ত হয়ে গেলেন—
আপনি বুঝতেই পারবেন না।

আবার উল্টো দিকটা ভাবুন।

আপনার পাঁচজন বন্ধু আছে—
তাদের প্রত্যেকের জীবনে একটা করে লক্ষ্য আছে।

আপনার কোনো লক্ষ্য নেই।
আর গ্রুপে সিগারেট খান শুধু আপনি।

দেখবেন—
তাদের কথা শুনতে শুনতে
আপনার মধ্যেও একটা লক্ষ্য তৈরি হয়ে গেছে।

আর তারা যেহেতু সিগারেট খায় না—
আপনিও তাদের সামনে খেতে পারবেন না।

ধীরে ধীরে—
আপনি নেশা থেকেও বেরিয়ে আসবেন।

এখন বুঝতে পারলেন তো?

আমরা কী হবো, কী ভাববো—
তার অনেকটাই নির্ভর করে আমরা কার সাথে সময় কাটাচ্ছি।

আমি কাউকে জাজ করছি না।
আমি শুধু বাস্তবটা বোঝানোর চেষ্টা করছি।

একটা ছোট লাইন মনে রাখবেন—

— "Show me your friends, and I'll show you your future."

(আপনার বন্ধুদের দেখান, আমি আপনার ভবিষ্যৎ বলে দেব।)

এখন আসি আরেকটা বাস্তব কথায়।

আমরা এখন বাস্তব বন্ধুদের থেকে বেশি সময় দিই—ফেসবুকের বন্ধুদের।

ঠিক না?

কে কত লাইক পেল, কে কী রিয়্যাক্ট করলো—
এইগুলোতেই বেশি মাথা ঘামাই।

কিন্তু ভাবুন তো—
কাল যদি আপনার মা অসুস্থ হয়ে পড়েন,
এই ফেসবুক বন্ধুদের কেউ কি আসবে?

উত্তর—না।

তাহলে তাদের পেছনে এত সময় দেওয়া—
সত্যিই কি দরকার?

আরেকটা ভুল আমরা প্রায়ই করি—

বন্ধু রাগ করবে বলে
আমরা তার পছন্দের স্কুল বা কলেজে ভর্তি হই।

নিজের লক্ষ্য ভুলে যাই।

আমরা খুব সহজেই যাকে-তাকে বন্ধু বানিয়ে ফেলি।
ভাবি—“বন্ধুই তো!”

কিন্তু কিছুদিন পর—
সেই বন্ধুরাই আমাদের কষ্ট দেয়।

আমি আপনাকে বন্ধু বানাতে নিষেধ করছি না।
শুধু বলছি—

☐ কাউকে বিশ্বাস করার আগে একটু যাচাই করুন।

আপনি কি ভালো থাকতে চান?

সত্যি করে বলুন।

যদি চান—
তাহলে আপনাকে একটু সচেতন হতেই হবে।

কারণ ভালো থাকা—
এই পৃথিবীর সবচেয়ে মূল্যবান জিনিসগুলোর একটি।

আমরা অনেকেই এখন একা থাকতে পছন্দ করি।

না আড্ডা,
না ঘোরা,
না সিনেমা হল—

সবকিছু ছেড়ে
ফোনটাই আমাদের সবচেয়ে কাছের হয়ে গেছে।

কিন্তু একটা সত্যি কথা বলি—

আপনার অনেক বন্ধু দরকার নেই।

□ একটা ভালো বন্ধু হলেই যথেষ্ট।

এখন আপনি বলবেন—

“ভালো বন্ধু পাওয়া খুব কঠিন!”

না, হয়।

আপনি কি খারাপ বন্ধু?

না তো?

তাহলে ভালো বন্ধুও আছে।

আমরা একটা বড় ভুল করি—

যারা আমাদের ভালোবাসে তাদের চিনতে পারি না,
কিন্তু যারা আমাদের অপছন্দ করে—
তাদের কথা ভুলতে পারি না।

তাই একটা কাজ করুন—

□ যারা আপনাকে ভালোবাসে, তাদেরকে ভালোবাসা দিন।

দেখবেন—
আপনি সত্যিকারের বন্ধু পেয়ে যাবেন।

এখন আসি—কিভাবে ভালো বন্ধু চিনবেন।

□ বন্ধু কেমন হবে – সেই ১০টি নিয়ম (বিস্তারিত ও বাস্তব উদাহরণসহ)

---

১. সে শুধু তোমাকে নয় সবাইকে কতটা সম্মান করে

প্রথমেই যেটা দেখবে—
সে তোমার সাথে কেমন ব্যবহার করে, এটা না...
সে সবার সাথে কেমন ব্যবহার করে—এটাই আসল।

কারণ, একজন মানুষ তোমার সাথে ভালো ব্যবহার করতেই পারে—
কিন্তু সেটার পেছনে কারণ থাকতে পারে।

হয়তো তুমি তার কাজে লাগো,
হয়তো তুমি তার জন্য দরকারি।

কিন্তু সে যদি—

☐ ওয়েটারকে ছোট করে
☐ গরিব মানুষকে অপমান করে
☐ নিজের থেকে "নিচু" মনে করে এমন কাউকে অবহেলা করে

তাহলে মনে রাখবে—

সে তোমাকেও একদিন একইভাবে দেখবে।

বাস্তব উদাহরণ:

ধরো, তুমি আর তোমার বন্ধু রেস্টুরেন্টে গেছো।
তোমার বন্ধু ওয়েটারকে বলছে—
"এই শোন! তাড়াতাড়ি নিয়ে আ!"

তখন তুমি ভাবছো—"ও তো এমনই..."

না, এটা "এমনই" না।
এটা তার চরিত্র।

— "মানুষের আসল পরিচয় বোঝা যায়,
সে তার থেকে দুর্বল মানুষের সাথে কেমন ব্যবহার করে।"

---

২. সে নিজের জীবনে সন্তুষ্ট কিনা

যে মানুষ নিজের জীবন নিয়ে খুশি না—
সে কখনো অন্য কাউকে খুশি থাকতে দেবে না।

এরা সবসময় তুলনা করে—

- "ওর লাইফটা দেখ"
- "ওর কাছে কি আছে দেখ"
- "আমার কিছুই নেই"

এই মানসিকতা ধীরে ধীরে তোমার মধ্যেও ঢুকে যাবে।

বাস্তব উদাহরণ:
তুমি একটা ফোন কিনলে,
সে বলবে—"এইটা কিছুই না, ওরটা দেখ!"

ধীরে ধীরে—
তুমি নিজের জিনিসে খুশি থাকতে ভুলে যাবে।

— "Comparison is the thief of joy."

---

৩. সে তোমাকে অযথা খরচ করায় কিনা

এই পয়েন্টটা অনেকেই গুরুত্ব দেয় না—
কিন্তু এটা খুবই গুরুত্বপূর্ণ।

কারণ, যে বন্ধু তোমার টাকার মূল্য বোঝে না—
সে তোমার পরিশ্রমের মূল্যও বোঝে না।

বাস্তব উদাহরণ:
তুমি যখনই তার সাথে বাইরে যাও—

☐ "এইটা খা"
☐ "ওটা কিন"
☐ "চল expensive জায়গায় যাই"

আর শেষে—
বিলটা তোমাকেই দিতে হয়।

প্রথমে তুমি ভাবো—"বন্ধু তো..."
কিন্তু পরে বুঝবে—
তুমি শুধু একটা "ATM" হয়ে গেছো।

অন্যদিকে—

- ☐ যে বন্ধু বলে—"থাক, এত খরচ করিস না"
- ☐ বা নিজের থেকে বিল দেয়

সে আসল বন্ধু।

---

৪. সে মিথ্যা বলে কিনা

এখনকার দিনে সবাই একটু-আধটু মিথ্যা বলে—
এটা সত্যি।

কিন্তু সব মিথ্যা এক না।

□ ছোট মিথ্যা (মজা, পরিস্থিতি)

□ আর বড় মিথ্যা (বিশ্বাস ভাঙা)

এই দুইটা আলাদা।

বাস্তব উদাহরণ:

তোমার বন্ধু তোমার সামনে অন্য বন্ধুর নামে মিথ্যা বলছে।

তুমি হয়তো ভাবছো—
"ওর সাথে ওর problem..."

না।

□ আজ সে অন্যের নামে বলছে

□ কাল তোমার নামেও বলবে

— "Trust once broken is never the same again."

---

৫. সে শুধু প্রয়োজনে তোমাকে মনে করে কিনা

এই ধরনের বন্ধু খুব dangerous।

কারণ এরা অভিনয় করতে পারে।

বাস্তব উদাহরণ:

- ☐ ১ মাস তোমার খোঁজ নেই
- ☐ হঠাৎ ফোন—“ভাই, একটা কাজ ছিল...”

কাজ শেষ—
আবার গায়েব।

এরা তোমাকে ভালোবাসে না—
এরা তোমাকে ব্যবহার করে।

---

৬. সে তোমার স্বপ্নকে সম্মান করে কিনা

এই পয়েন্টটা খুব sensitive।

কারণ, তোমার স্বপ্নটাই তোমার ভবিষ্যৎ।

বাস্তব উদাহরণ:

তুমি বললে—"আমি লেখক হবো"

সে হাসলো—

"তোর দ্বারা হবে না!"

তখন তুমি হাসতে হাসতে ignore করো—

কিন্তু ভেতরে ভেতরে সেটা তোমাকে আঘাত করে।

ধীরে ধীরে—

- ☐ তুমি নিজের উপর বিশ্বাস হারাও
- ☐ নিজের স্বপ্ন নিয়েই doubt শুরু হয়

যে বন্ধু তোমার স্বপ্নে বিশ্বাস করে না—
সে কখনো তোমার পাশে থাকবে না।

---

৭. সে attention seeker **কিনা**

এরা সব জায়গায় "center of attraction" হতে চায়।

বাস্তব উদাহরণ:
সবাই একটা important topic নিয়ে কথা বলছে, হঠাৎ সে ঢুকে—

☐ নিজের গল্প শুরু
☐ নিজের problem
☐ নিজের achievement

এরা কখনো তোমার কথা শুনবে না।
কারণ তারা শুধু নিজের কথা শোনাতে চায়।

---

৮. সে তার পরিবারের সাথে কেমন ব্যবহার করে

এইটা একটা golden rule।

☐ যে নিজের পরিবারকে সম্মান করে না—
☐ সে কারোই না।

বাস্তব উদাহরণ:
তার মায়ের ফোন আসলো—
সে বললো—"পরে কথা বলবো" বলে কেটে দিল।

তুমি ভাবছো—"ও তো আমাদের সাথে busy..."

না।

☐ সে priority বোঝে না
☐ সে respect বোঝে না

— "যে নিজের শিকড় ভুলে যায়, সে কখনো স্থায়ী হয় না।"

---

৯. সমাজে তার ইমেজ কেমন

সবাই যদি কারো সম্পর্কে খারাপ বলে—
তা হলে একবার হলেও ভাবো।

বাস্তব উদাহরণ:
স্কুল বা কলেজে—

□ সবাই তাকে avoid করে
□ কেউ বিশ্বাস করে না

তুমি ভাবছো—"সবাই ভুল..."

হতে পারে।

কিন্তু সবসময় না।

তুমি যদি তার খুব কাছের হও—
তাহলে তাকে ঠিক করার চেষ্টা করো।

না হলে—
নিজেকে দূরে রাখো।

---

১০. তোমার মন কি বলে

সবশেষে—

- ☐ তোমার feeling
- ☐ তোমার instinct

এইটাই সবচেয়ে important।

বাস্তব উদাহরণ:

কিছু মানুষকে দেখলেই মনে হয়—

- ☐ "কেমন যেন লাগে..."
- ☐ "পুরো comfortable না..."

এই feelingটা কখনো ignore করো না।

কারণ—

- ☐ মস্তিষ্ক পরে বুঝে
- ☐ কিন্তু মন আগে বুঝে

— একটা লাইন মনে রাখো

"ভুল বন্ধুর সাথে থাকার চেয়ে
একা থাকা অনেক ভালো।"

□ শেষ কথা

তোমার ১০টা বন্ধু লাগবে না।

□ একটা সত্যিকারের বন্ধু
তোমার পুরো জীবন বদলে দিতে পারে।

□ আর একটা ভুল বন্ধু
তোমার পুরো জীবন ধ্বংস করে দিতে পারে।

তাই তাড়াহুড়ো করে বন্ধু বানিও না।

সময় নাও...
মানুষকে বুঝো...
তারপর বিশ্বাস করো।

□ আর একটা কথা...

তুমি যদি ভালো বন্ধু হতে পারো—
তাহলে ভালো বন্ধু তোমার জীবনেই আসবে।

ক্যারিয়ার নিয়ে চিন্তা

"স্বপ্ন সেটা নয় যেটা আমরা ঘুমিয়ে দেখি,
স্বপ্ন সেটা যেটা আমাদের ঘুমোতে দেয় না।"

উক্ত লাইনটি মনে পড়ল তো? এটা আমাদের দেশের রাষ্ট্রপতি এপিজে আবদুল কালামের।

উক্তিটি আমরা শুনিনি—এমন মানুষ খুব কমই আছে। কিন্তু উক্তিটির আসল মানে বোঝে—এমন মানুষও খুব বেশি নেই।

আসলে আমরা স্বপ্ন দেখতে সবাই ভালোবাসি—ঘুমিয়ে হোক বা জেগে। কিন্তু আমরা যে স্বপ্নগুলো দেখি, তার বেশিরভাগই আমাদের বর্তমান ক্ষমতার বাইরে। আমি বলছি না যে বড় স্বপ্ন দেখবেন না—অবশ্যই দেখবেন। কিন্তু একটা ভুল আমরা প্রায় সবাই করি—আমরা ভাবি, "এই স্বপ্নটা শুধু আমিই দেখছি, আমি আলাদা, আমি স্পেশাল।"

এই ভাবনাটা পুরোপুরি ভুল।

বিশ্বাস না হলে, আপনি যে দোকানে গিয়ে চা খান, একদিন তাকে জিজ্ঞাসা করুন—তার স্বপ্ন কী? বা আপনার বন্ধুদের জিজ্ঞাসা করুন। দেখবেন, আপনার থেকেও বড় স্বপ্ন তারা দেখে। তাই স্বপ্ন দেখাটা বড় কথা নয়—স্বপ্নটাকে বাস্তবে রূপ দেওয়ার জন্য আপনি কতটা পরিশ্রম করছেন, আর সেই পরিশ্রমটা কতটা সঠিক পথে করছেন—সেটাই আসল।

—

আপনারা হয়তো ভাবছেন, ভালো থাকার সঙ্গে স্বপ্নের সম্পর্ক কী?

অবশ্যই আছে।

ভালো থাকতে গেলে আমাদের চিন্তাধারা এবং স্বপ্ন—এই দুইটার ওপর সবচেয়ে বেশি গুরুত্ব দিতে হয়। আমরা স্বপ্ন দেখি, কিন্তু সেই স্বপ্ন পূরণ করার জন্য কী করতে হবে—সেটা জানি না। আবার অনেকে জানি, কিন্তু শুরু করার জন্য শুধু অপেক্ষা করি।

বিশ্বাস হচ্ছে না? তাহলে একটা ছোট গল্প বলি।

আমার কয়েকটা ইউটিউব চ্যানেল আছে—যেমন The MOMI, The Smart Guide, Cinematic Expose, MOMI Extra ইত্যাদি। আমার বন্ধুরা যখন ভিডিও দেখে, তখন প্রায় সবাই বলে—“আমরাও ইউটিউব চ্যানেল খুলবো।” তারা আমাকে জিজ্ঞাসা করে—কীভাবে শুরু করতে হবে।

আমি তাদের সব বুঝিয়ে দিই, এমনকি ভিডিও বানানোর কিছু বেসিক আইডিয়াও দিই।

কিন্তু মজার ব্যাপার হলো—পরের দিন যখন আমি তাদের জিজ্ঞাসা করি, “ভিডিও বানিয়েছো?” প্রায় সবাই বলে—“না।”

কারও ভালো লাগেনি, কেউ বলে ফোন নেই, কেউ বলে “আরেকটু সময় দাও।” আর যাদের সময় দিয়েছিলাম—আজও তারা শুরু করতে পারেনি।

কিন্তু তাদের মধ্যে একজন ছিল—তার কাছে দামি ফোন ছিল না, সে খুব বেশি শিক্ষিতও ছিল না।

তবুও সে নির্দিষ্ট সময়ের মধ্যেই ভিডিও বানিয়ে ফেলেছিল।

এই ছোট ঘটনাটা একটা বড় সত্যি শেখায়—আমরা আসলে কাজ করতে চাই না, আমরা শুধু অজুহাত খুঁজি।

কারণ, কিছু করার জন্য একটা কারণই যথেষ্ট। আর কিছু না করার জন্য একটা অজুহাতই যথেষ্ট।

—

আমাদের আরেকটা বড় সমস্যা আছে।

আমরা যখন যে কাজটা করি, সেটা আমাদের ভালো লাগে না। অন্য কাজটা বেশি ভালো লাগে। আবার যখন সেই অন্য কাজটা করি—তখন আগের কাজটাই ভালো লাগে।

যেমন—স্কুলে পড়ার সময় মনে হয়, "এই স্কুলটা ভালো না, পাশের স্কুলটা ভালো।"
আর যখন সেই স্কুলে ভর্তি হই—তখন আবার আগের স্কুলটাই ভালো লাগে।

সমস্যাটা কোথায় বুঝলেন?

আমরা নিজেরাই জানি না, আমরা আসলে কী চাই।

—

এখন একটা কথা খুব শোনা যায়—"নিজের প্যাশন খুঁজে বের করো", "নিজের ট্যালেন্ট খুঁজে বের করো।"

কিন্তু এখানেই আমরা বিভ্রান্ত হয়ে পড়ি।

আমরা ভাবতে থাকি—আমার মধ্যে কী ট্যালেন্ট আছে? তারপর দেখি—আমি গান গাইতে পারি না, দেখতে খুব সুন্দর না, বাড়িতে টাকা নেই। তখন আমরা অন্যদের সাথে নিজেকে তুলনা করি, আর ধীরে ধীরে হতাশায় ডুবে যাই।

কিন্তু সত্যিটা হলো—
ট্যালেন্ট বলে আলাদা করে কিছু নেই, অথবা থাকলেও—প্রত্যেক মানুষের মধ্যেই কিছু না কিছু আছে।

একটা উদাহরণ দিই—

ভাবুন, আমরা সবাই একটা সাদা কাগজ। কারও কাগজে আগে থেকেই কিছু লেখা আছে, আর কারও কাগজ একদম ফাঁকা।

যার কাগজ ফাঁকা—তারই তো সবচেয়ে বেশি সুযোগ। সে চাইলে নিজের ইচ্ছামতো পুরো কাগজটা ভরাতে পারে।

তাহলে বলুন তো—আসলে ভাগ্যবান কে?

—

আমাদের আরেকটা বড় ভুল—আমরা নিজের স্বপ্ন না, অন্যের স্বপ্ন ফলো করি।

যেমন—আমি হয়তো ইংরেজি নিয়ে পড়তে চাই, কিন্তু পাশের বাড়ির ছেলে সায়েন্স নিয়েছে বলে আমিও সায়েন্স নিয়ে নিই—শুধু লোকের প্রশংসা পাওয়ার জন্য।

এখানেই আমরা ভুল করি, আর তারপর বলি—
"আমি ভালো নেই।"

—

ছোটবেলায় আমাদের স্বপ্ন খুব বড় হয়—কেউ ডাক্তার হতে চায়, কেউ মহাকাশচারী, কেউ পৃথিবীর সবচেয়ে ধনী মানুষ।

কিন্তু বড় হওয়ার সঙ্গে সঙ্গে সেই স্বপ্নগুলো ছোট হতে হতে একসময় দাঁড়ায়—"একটা সাধারণ চাকরি হলেই হবে।"

দোষটা কার?

পরিস্থিতির না, ঈশ্বরের না—দোষটা আমাদেরই।

কারণ, কাজ করার সময় আমরা কাজ করি না—আমরা সময় নষ্ট করি।

—

তাই বলছি, এখনো দেরি হয়নি।

আজ থেকেই শুরু করুন।

আপনি যা করতে চান, সেটা এমনভাবে করুন—যেন আপনার চেয়ে ভালো কেউ সেটা করতে না পারে।

আপনি যদি মুচির কাজও করেন—তাহলে সেটাও এত ভালোভাবে করুন, যেন আপনার এলাকায় আপনার মতো ভালো কেউ না থাকে।

কারণ কাজ ছোট নয়—আমাদের দৃষ্টিভঙ্গিই ছোট।

—

শেষে একটা কথা মনে রাখবেন—
"আপনি নিজে যদি নিজের কাজকে সম্মান না দেন, তাহলে অন্যরা কেন দেবে?"

তাই নিজের কাজকে ভালোবাসুন, নিজের স্বপ্নকে গুরুত্ব দিন, আর অজুহাত না খুঁজে—কাজ শুরু করুন।

দেখবেন, একদিন সত্যিই আপনার স্বপ্ন আপনাকে ঘুমোতে দেবে না—কিন্তু সেই স্বপ্নই একদিন আপনাকে সফল করবে।

কাউকে ভালোবাসতে ইচ্ছা করে

পৃথিবীর সবচেয়ে বড় সমস্যাগুলোর মধ্যে একটা—আজকের দিনে **ভালোবাসা**।

ভালোবাসা এমন একটা জিনিস, যার সঙ্গে পৃথিবীর প্রায় প্রত্যেকটা মানুষ কোনো না কোনোভাবে জড়িয়ে আছে। এটা এমন একটা অনুভূতি, যেটাকে পুরোপুরি বোঝা বা কল্পনা করা—দুটোই খুব কঠিন।

ভালোবাসা নিয়ে এত গল্প, এত কাহিনী, এত রূপকথা লেখা হয়েছে যে, সেখানে আমার মতো সাধারণ মানুষের লেখাটা তুচ্ছ মনে হওয়াই স্বাভাবিক।

কিন্তু একটা জিনিস একদম সত্যি—আমাদের ভালো থাকার পেছনে সবচেয়ে বড় কারণ যদি কিছু থাকে, সেটা হলো ভালোবাসা। সেটা মা-বাবার হোক, ভাই-বোনের হোক, বন্ধুর হোক কিংবা অন্য কারো।

তাই আমরা যদি এই জিনিসটাকে ঠিকভাবে বুঝতে পারি, তাহলে অনেক সমস্যার সমাধান নিজেরাই খুঁজে পাব।

—

হ্যাঁ, এটাও ঠিক—ভালোবাসা নিয়ে পৃথিবীর অনেক বড় বড় মনীষীরাও একমত হতে পারেননি। তাহলে আমি কীভাবে বুঝবো?

তবুও আমি আমার মতো করে যেটুকু বুঝেছি, সেটা যদি আপনাদের বোঝাতে পারি—তাহলে হয়তো আপনারা ভালোবাসার আসল মানেটার একটু হলেও কাছে পৌঁছাতে পারবেন।

William Shakespeare একবার বলেছিলেন, "Love looks not with the eyes, but with the mind."

অর্থাৎ, ভালোবাসা চোখ দিয়ে নয়—মনের মাধ্যমে অনুভব করা হয়।

—

আমরা জানি বা না জানি—ভালোবাসায় পড়েনি, এমন মানুষ খুব কমই আছে।
আমরা জীবনে সবচেয়ে বেশি কাঁদি ভালোবাসার জন্য, আবার সবচেয়ে বেশি আনন্দও পাই ভালোবাসার জন্যই।

কিন্তু দুঃখের বিষয়—বর্তমান সময়ে ভালোবাসাকে সঠিকভাবে না বোঝার কারণে অনেক ছেলেমেয়ে ভুল পথে যাচ্ছে, নিজেদের জীবনটাই নষ্ট করছে।

সমস্যাটা ভালোবাসায় নয়—সমস্যাটা আমাদের বোঝায়।

—

আমাদের সবচেয়ে বড় ভুলটা কোথায় জানেন?

আমরা হুট করে প্রেমে পড়ে যাই।

রাস্তা দিয়ে হাঁটছি, কোনো অনুষ্ঠানে গেছি, স্কুল-কলেজে আছি—একটা সুন্দর মানুষ দেখলাম, আর সঙ্গে সঙ্গে ভাবলাম—“এইটাই ভালোবাসা।”

তারপর শুরু হয় ইমপ্রেস করার চেষ্টা।

প্রথম কিছুদিন মনে হয়—জীবনটা স্বপ্নের মতো। কিন্তু সময়ের সঙ্গে সঙ্গে যখন বাস্তব সামনে আসে, তখন শুরু হয় কষ্ট, ভুল বোঝাবুঝি।

তাই না?

—

এবার আসল প্রশ্ন—ভালোবাসা আসলে কী?

আমরা কেন ভালোবাসি?

আমরা সাধারণত বলি—"আমাদের এমন একজন দরকার, যে আমাদের বুঝবে, আমাদের কষ্টে পাশে থাকবে।"

ঠিক কথা।

কিন্তু বাস্তবে অনেক সময় আমরা যেটাকে ভালোবাসা বলি, সেটা আসলে একটা **শারীরিক আকর্ষণ**।

কারণ, যদি সেটা না হতো—তাহলে বন্ধুত্ব দিয়েই তো সবকিছু শেয়ার করা যেত।

এখানেই আমাদের উদ্দেশ্যটা প্রশ্নের মুখে পড়ে।

—

Mother Teresa বলেছিলেন,
"Love is not about how much you do, but how much love you put into what you do."

অর্থাৎ, ভালোবাসা মানে শুধু কিছু পাওয়া বা করা নয়—কতটা আন্তরিকতা আছে সেটাই আসল।

—

আপনি যদি সত্যি কাউকে ভালোবাসেন, তাহলে একটু ধৈর্য ধরতে পারবেন না?

বিয়ের আগে স্পর্শ না করলেই কি ভালোবাসা কমে যায়?

বরং এখানেই বোঝা যায়—আপনার ভালোবাসা কতটা সত্যি।

"ভালোবাসা ধৈর্য শেখায়, তাড়াহুড়ো নয়।"

—

আরেকটা বিষয়—

আমরা অনেক সময় পরিবারের ভালোবাসা ভুলে যাই।
যে বাবা-মা এত বছর ধরে আমাদের ভালোবাসলো, তাদেরকে কয়েক মাসের সম্পর্কের জন্য ভুলে যাই।

তাহলে আপনি কীভাবে নিশ্চিত হচ্ছেন—যে মানুষটা আজ আপনার জন্য সব ছেড়ে দিতে পারে, সে একদিন আপনাকেও ছেড়ে যাবে না?

একবার ভেবে দেখুন।

—

ভালোবাসা কখনোই কাউকে কষ্ট দিতে পারে না—যদি সেটা সঠিক হয়।

কিন্তু আজকের দিনে আমরা দেখি—ভালোবাসার কারণে পরিবার ভাঙছে, সম্পর্ক ভাঙছে, সম্মান নষ্ট হচ্ছে।

তাহলে এটা কি সত্যি ভালোবাসা?

—

আমরা জীবনের সবচেয়ে গুরুত্বপূর্ণ মানুষটাকে বেছে নিই খুব তাড়াহুড়ো করে।

একটা ছোট গুণ ভালো লাগলো—ব্যস, "আমি ওকে ভালোবাসি।"

কিন্তু আপনি কি কখনো ভেবেছেন—এই মানুষটার সঙ্গে আপনার পুরো জীবন কাটাতে পারবেন?

—

Rabindranath Tagore বলেছিলেন,
"ভালোবাসা পাওয়ার চেয়ে ভালোবাসা দেওয়াই বড়।"

এই একটা লাইন যদি আমরা সত্যি বুঝতে পারি—
তাহলে আমাদের অর্ধেক সমস্যা এখানেই শেষ।

—

আমি বলছি না ভালোবাসবেন না।

ভালোবাসুন। অনেক বেশি ভালোবাসুন।

কিন্তু এমনভাবে ভালোবাসুন—যেখানে
পবিত্রতা থাকবে,
সম্মান থাকবে,
বিশ্বাস থাকবে।

এই তিনটা জিনিস যদি থাকে—তাহলে সেই সম্পর্ক কোথায় গিয়ে পৌঁছাবে, আপনি নিজেও বুঝতে পারবেন না।

—

শেষে একটা কথা—

Albert Einstein একবার বলেছিলেন,
"Gravitation is not responsible for people falling in love."

মানে, প্রেমে পড়ার জন্য কোনো বৈজ্ঞানিক সূত্র কাজ করে না—এটা সম্পূর্ণ আমাদের অনুভূতির বিষয়।

তাই সেই অনুভূতিটাকে সঠিকভাবে ব্যবহার করুন।

—

আপনি যদি সত্যি কাউকে ভালোবাসেন, তাহলে তাকে পাওয়ার জন্য নয়—তাকে ভালো রাখার জন্য ভালোবাসুন।

আর যদি কোনোদিন সে চলে যায়—তবুও যেন তার প্রতি আপনার সম্মান থাকে।

তখনই বুঝবেন—আপনি সত্যি ভালোবাসতে শিখেছেন।

১. "ফোনটা সাইলেন্ট ছিল, কিন্তু জীবনটা চিৎকার করছিল"

সায়নী তখন ক্লাস টুয়েলভে পড়ে। বাড়িতে সবার প্রিয় মেয়ে। পড়াশোনায় ভালো, স্বপ্ন ছিল বড় কিছু করার।

ওর জীবনে অর্ণব আসে একেবারে হঠাৎ করে। প্রথমে ফেসবুকে কথা, তারপর ফোন, তারপর প্রতিদিনের অভ্যাস।

অর্ণব ওকে এমনভাবে বুঝতো—যেটা সায়নী আগে কখনো পায়নি।
বাড়িতে কেউ জিজ্ঞেস করতো না, "তোর দিনটা কেমন গেল?"
অর্ণব জিজ্ঞেস করত।

এইখানেই সায়নী হারতে শুরু করেছিল—সে ভালোবাসার জন্য না, **বোঝা হওয়ার জন্য ভালোবেসেছিল।**

সময়ের সাথে অর্ণব বদলাতে শুরু করল।
প্রথমে ছোট ছোট আবদার, তারপর একটু বেশি ব্যক্তিগত কথা, তারপর একদিন—
"তুমি আমাকে বিশ্বাস করো তো?"

এই প্রশ্নটাই ছিল ফাঁদ।

সেদিন সায়নী অনেক ভেবেছিল। অনেকবার "না" বলতে চেয়েছিল।
কিন্তু শেষে ভেবেছিল—"ও তো আমারই মানুষ..."

একটা সিদ্ধান্ত। মাত্র কয়েক সেকেন্ড।

তারপর কয়েক সপ্তাহ—সব স্বাভাবিক।

তারপর একদিন—অর্ণবের আচরণ বদলে গেল।
কথা কমে গেল, রাগ বেড়ে গেল।

একদিন সায়নী ফোন করে—অর্ণব ধরে না।
দুইদিন পরে একটা মেসেজ—
"আমার লাইফে অন্য কেউ এসেছে।"

সায়নীর মাথার ভেতরটা তখন ফাঁকা।

কিন্তু আসল ভাঙন তখনো বাকি ছিল।

কয়েকদিন পরে একটা অচেনা নম্বর থেকে
মেসেজ—
"এইটা তুমি না?"

একটা ছবি।

সায়নী তখন প্রথমবার বুঝেছিল—
একটা ভুল বিশ্বাস কিভাবে পুরো জীবনটাকে নিজের বিরুদ্ধে দাঁড় করিয়ে দেয়।

তারপর থেকে সায়নী আর আগের মতো কথা বলে না।
ওর ফোন আজও সাইলেন্ট থাকে।

কিন্তু ওর ভেতরের চিৎকার—আজও থামেনি।

—

২. "সে কাউকে হারায়নি, সে নিজেকে হারিয়েছিল'

তানভীর খুব সাধারণ একটা ছেলে। বড় স্বপ্ন ছিল না, কিন্তু একটা শান্ত জীবন চেয়েছিল।

কলেজে তৃষার সাথে পরিচয়। তৃষা ছিল খুব আত্মবিশ্বাসী, খুব খোলা মনের।

তানভীর ধীরে ধীরে তৃষার প্রতি দুর্বল হয়ে পড়ে।

তৃষা ওকে ভালোবাসতো—এটা তানভীর বিশ্বাস করতো।

কিন্তু ভালোবাসার মাঝেও একটা অদ্ভুত খেলা চলছিল—
তৃষা সবসময় তানভীরকে পরীক্ষা করতো।

"তুমি আমাকে কতটা ভালোবাসো?"
"আমার জন্য কী করতে পারো?"

এই প্রশ্নগুলো প্রথমে ভালো লাগতো, পরে চাপ হয়ে গেল।

একদিন তৃষা এমন একটা দাবি করল—যেটা তানভীরের কাছে ঠিক মনে হয়নি।

তানভীর দ্বিধায় পড়ে গেল।
একদিকে ভালোবাসা, অন্যদিকে নিজের ভিতরের কণ্ঠস্বর।

শেষে সে নিজের কণ্ঠস্বরকে চুপ করিয়ে দিল।

তারপর?

কিছুদিন পরে তৃষা নিজেই দূরে সরে গেল।

কোনো বড় ঝগড়া না, কোনো নাটক না—শুধু দূরত্ব।

তানভীর তখন বুঝলো—
সে কাউকে হারায়নি, সে নিজের সম্মানটাই হারিয়েছে।

আর যেটা একবার হারিয়ে যায়, সেটা ফেরত পাওয়া সবচেয়ে কঠিন।

—

৩. "একটা 'না'—যেটা তাকে বাঁচিয়ে দিল'

মেহরিনের গল্পটা একটু অন্যরকম।

ওরও একটা সম্পর্ক ছিল।
ওরও ভালোবাসা ছিল, বিশ্বাস ছিল।

কিন্তু একদিন, ঠিক একই জায়গায় এসে দাঁড়ালো—
যেখানে অনেকেই ভুল করে।

ওর কাছেও সেই একই কথা বলা হলো—
"বিশ্বাস থাকলে প্রমাণ দাও।"

মেহরিন চুপ করে ছিল কিছুক্ষণ।

তারপর খুব শান্তভাবে বলেছিল—
"বিশ্বাস প্রমাণ দিয়ে না, আচরণ দিয়ে তৈরি হয়।"

সেদিনই সম্পর্কটা শেষ হয়ে যায়।

মেহরিন কাঁদেছিল।
খুব কেঁদেছিল।

কিন্তু কয়েক বছর পরে, যখন সে নিজের জীবনে স্থির হয়েছে, সে একদিন বলেছিল—

"সেদিন আমি কাউকে হারাইনি,
আমি আমার ভবিষ্যৎটা বাঁচিয়েছিলাম।"

—

৪. "বিয়ের পরে যে ভালোবাসা তৈরি হয়'

সব গল্প খারাপ না।

আফসানা আর রাকিব—পরিবার থেকে বিয়ে।

শুরুতে কোনো ভালোবাসা ছিল না, শুধু দায়িত্ব ছিল।

কিন্তু একটা জিনিস ছিল—**সম্মান**।

রাকিব কখনো আফসানাকে এমন কিছু করতে বলেনি, যেটা ওর অস্বস্তি হয়।
আফসানাও রাকিবকে বুঝতে চেষ্টা করেছে।

ধীরে ধীরে, তারা একে অপরের অভ্যাস হয়ে গেল।

একদিন আফসানা বলেছিল—
"আমাদের ভালোবাসা হুট করে আসেনি,
আমরা এটাকে প্রতিদিন একটু একটু করে
বানিয়েছি।"

—

শেষে একটা কথা—

ভালোবাসা আপনাকে ভাঙতে পারে, আবার গড়তেও পারে।

কিন্তু একটা জিনিস সবসময় আপনার হাতে—

আপনি নিজেকে কতটা সস্তা করবেন, আর কতটা সম্মান দেবেন।

—

"ভালোবাসা যদি আপনাকে নিজের কাছেই ছোট করে দেয়,
তাহলে সেটা ভালোবাসা না—ওটা একটা ভুল সিদ্ধান্ত।"

"লোকে কি বলবে"

সবচেয়ে বড় সমস্যা কী জানেন?

"লোকে কি বলবে"

এই একটা লাইন—আমাদের জীবনের সবচেয়ে বড় ভয়ের মধ্যে একটা। অনেক সময় এটা ভয় না, এটা একটা **অদৃশ্য কারাগার**—যেখানে আমরা নিজেরাই নিজেকে বন্দি করে রাখি।

তাই নয় কি?

আপনি চাকরি পাননি—আপনার বাড়ির লোকের যতটা কষ্ট, তার থেকেও বেশি চিন্তা পাড়ার লোকেদের।
আপনি একটা নতুন কাজ শুরু করতে যাচ্ছেন—আপনি শুরুই করেননি, তার আগেই লোক এসে বলে দেবে—"এটা তোমার দ্বারা হবে না।"

মজার বিষয় কী জানেন?

আপনি চেষ্টা শুরু করার আগেই—তারা আপনার ব্যর্থতার গল্প লিখে ফেলেছে।

—

ধরুন, আপনার মেয়ে কারও সাথে পালিয়ে গিয়েছিল।
কয়েক মাস পর জানলেন—সে ভালো আছে, সুখে আছে।

একজন বাবা-মায়ের কাছে এর থেকে বড় শান্তি আর কী হতে পারে?

আপনার মন বলবে—"ওকে বাড়িতে নিয়ে আসি।"

কিন্তু মাথা বলবে—
"লোকে কি বলবে?"

আর সেই একটা চিন্তার জন্য—আপনি নিজের মেয়েকেও বাড়িতে আনতে পারবেন না।

এখন বলুন—আপনি কাকে বেশি গুরুত্ব দিলেন?
নিজের মেয়েকে, না লোকের কথাকে?

—

আবার ধরুন, আপনি কোনো একটা ক্লাসে ফেল করেছেন।

আপনি নিজের ভুল বুঝেছেন, ঠিক করেছেন—আবার চেষ্টা করবেন।

আপনার মন বলছে—"এইবার আমি পারবো।"

কিন্তু মাথা বলছে—
"একই ক্লাসে আবার পড়বি? লোকে কি বলবে?"

আর আপনি থেমে গেলেন।

এখানে আপনি হেরেছেন পড়াশোনায় না—
আপনি হেরেছেন **লোকের ভয়ে।**

—

আপনার হয়তো নিজের শখ আছে—চুলে কালার করবেন, নতুন কিছু ট্রাই করবেন।
কিন্তু করবেন না।

কেন?

"লোকে কি বলবে"

এখন বুঝতে পারছেন—এই একটা চিন্তা কিভাবে আপনার জীবনটাকে ছোট করে দিচ্ছে?

—

Eleanor Roosevelt বলেছিলেন,
"No one can make you feel inferior without your consent."

অর্থাৎ—আপনি নিজে অনুমতি না দিলে, কেউ আপনাকে ছোট করতে পারবে না।

কিন্তু আমরা কী করি?

আমরা নিজেরাই অনুমতি দিয়ে দিই—
"হ্যাঁ, তোমরা যা বলবে, আমি সেটাই মানবো।"

—

একটা জিনিস পরিষ্কার করে বুঝে নিন—

আপনি এমন কোনো কাজ করবেন না, যেটা অন্যকে আঘাত দেয় বা কষ্ট দেয়।
এইটা বাদ দিলে—আপনি যা করতে চান, করতে পারেন।

হাজার লোক কিছু বলবে—এটাই স্বাভাবিক।

কারণ, আপনি যখন ছোট ছিলেন—তখনও লোক বলেছে।
এখন বলছে।
ভবিষ্যতেও বলবে।

তাহলে তাদের কথায় আপনার জীবন থামবে কেন?

—

আরেকটা সত্যি—

লোক আপনার ব্যাপারে সবচেয়ে বেশি কথা বলে তখনই,
যখন আপনি সেই কাজটা করতে যাচ্ছেন—যেটা তারা নিজেরা করতে চেয়েছিল, কিন্তু পারেনি।

তাই তারা বলে—
"তুই পারবি না।"

আসলে তারা আপনাকে থামাচ্ছে না—
তারা নিজের ব্যর্থতাকে লুকাতে চাইছে।

—

Steve Jobs বলেছিলেন,
"Your time is limited, so don't waste it living someone else's life."

অর্থাৎ—আপনার জীবনটা অন্যের মতামত অনুযায়ী নষ্ট করার জন্য নয়।

—

আমরা একটা বড় ভুল করি—

আমরা লোককে ইমপ্রেস করতে যাই।

আপনি চাকরি পেলেন—তারা বলবে, "বেতন কম।"
আপনি বেশি বেতন পেলেন—তারা বলবে, "অমুক বেশি পায়।"

মানে, আপনি যা-ই করুন—তারা খুশি হবে না।

তাহলে কাকে খুশি করবেন?

—

তাই তাদেরকে ইমপ্রেস করা ছেড়ে দিন।

বরং তাদেরকে গুরুত্ব দিন—
যারা আপনার কেয়ার করে,
যারা আপনার কষ্টে কষ্ট পায়।

—

আমাদের আশেপাশে এমন কিছু মানুষ থাকে—বন্ধু, আত্মীয়—যারা না বুঝেই আমাদের কষ্ট দেয়।

যেমন—আপনি একটা গাড়ি কিনলেন।
বন্ধু এসে বলল—
"গাড়িটা ভালো, কিন্তু রাহুল বলছিল রংটা ভালো না।"

তার উদ্দেশ্য ছিল নিজেকে বড় দেখানো,
কিন্তু আপনার আনন্দটা নষ্ট হয়ে গেল।

এই ধরনের মানুষদের থেকে একটু দূরে থাকুন।

কারণ তারা আপনাকে বুঝবে না—তারা শুধু বিচার করবে।

—

একটা কঠিন সত্যি—

আমাদের কষ্ট দেয় বাইরের লোক না,
আমাদের সবচেয়ে কাছের মানুষগুলোই দেয়।

কারণ তাদের কথার গুরুত্ব আমরা দিই।

—

গবেষণায় দেখা গেছে—আমাদের মাথায় প্রতিদিন প্রায় ৬০-৭০ হাজার চিন্তা আসে।
তার মধ্যে বেশিরভাগই নেতিবাচক।

আর তার মধ্যে সবচেয়ে শক্তিশালী একটা চিন্তা—
"লোকে কি বলবে"

এই চিন্তাটা যতবার করবেন, ততবার নিজের জীবনের রিমোটটা অন্যের হাতে তুলে দেবেন।

—

এখন প্রশ্ন—আমরা এত ভয় পাই কেন?

আসলে আমরা লোককে ভয় পাই না।
আমরা ভয় পাই—আমাদের জন্য আমাদের প্রিয় মানুষগুলো কষ্ট পাবে।

ধরুন, আপনি টিউশন না গিয়ে সিনেমা দেখতে গেলেন।
পথে একজন পরিচিত দেখে ফেলল।

আপনি তাকে ভয় পান না—
আপনি ভয় পান, সে যদি বাড়িতে বলে দেয়, তাহলে আপনার বাবা-মা কষ্ট পাবে।

এইটাই আসল ভয়।

—

ঠিক একইভাবে—

আপনি একবার কোনো কাজে ব্যর্থ হয়েছেন।
দ্বিতীয়বার চেষ্টা করতে ভয় পাচ্ছেন।

কারণ—
"আবার ফেল করলে লোকে কি বলবে?"

কিন্তু ভিতরের আসল ভয়টা হলো—
"আমার পরিবার আবার কষ্ট পাবে।"

—

এখন এখান থেকে বের হওয়ার উপায় কী?

চিন্তাটা পাল্টান।

"লোকে কি বলবে" না ভেবে ভাবুন—
"আমি যদি সফল হই, তাহলে আমার পরিবার মাথা উঁচু করে বাঁচবে।"

এই একটা চিন্তা আপনার পুরো দৃষ্টিভঙ্গি বদলে দেবে।

—

শেষে একটা কথা—

Rabindranath Tagore বলেছিলেন,
"যদি তোর ডাক শুনে কেউ না আসে তবে একলা চলো রে।"

এই লাইনটা শুধু কবিতা না—এটা একটা জীবন দর্শন।

—

মনে রাখবেন—

আপনি যখন নিজের লক্ষ্য পরিষ্কার করে ফেলবেন, তখন লোকের কথাগুলো আপনার কাছে শব্দ ছাড়া কিছুই না।

তাই নিজের উদ্দেশ্য ঠিক রাখুন, নিজের পথে হাঁটুন।

দেখবেন—
একদিন যাদের ভয় পেতেন, তারাই আপনার উদাহরণ দেবে।

—

"লোকের কথায় জীবন চালালে,
একদিন দেখবেন—জীবনটা আপনার নয়,
লোকের হয়ে গেছে।"

I don’t care

কথাটা শুনতে শুনতে এখন অনেকেরই বিরক্ত লাগে—

“আমি কারো কেয়ার করি না’

এখন এটা একটা ফ্যাশন হয়ে গেছে।

সোশ্যাল মিডিয়া খুললেই দেখবেন—ক্লাস ফাইভের ছাত্রছাত্রীরাও তাদের bio-তে লিখছে,
“দুনিয়া কি বলছে তাতে আমার কিছু যায় আসে না।”

আর এখন তো নতুন ট্রেন্ড—এই কথাটা বোঝানোর জন্য মিডল ফিঙ্গার দেখানো।
মানে, নিজেকে “কুল” প্রমাণ করার জন্য আমরা কী না করছি!

কিন্তু একটা প্রশ্ন—

সত্যিই কি আমরা কারো কেয়ার করি না?

—

আমি যখন ক্লাস টুয়েলভে পড়তাম, একটা জিনিস খেয়াল করতাম।

মাদার্স ডে এলে সবাই স্ট্যাটাস দিত—
"Happy Mother's Day"
মায়ের ছবি দিয়ে, বড় বড় ক্যাপশন দিয়ে।

আমি পারতাম না।

আমি একটু লাজুক ছিলাম—তাই হয়তো দিতাম না।
কিন্তু ভেতরে ভেতরে খারাপ লাগত—
"আমি তো আমার মাকে ভালোবাসি, তাহলে আমি দিচ্ছি না কেন?"

আবার দেখতাম, কেউ মারা গেলে সবাই স্ট্যাটাস দেয়।
আমি তখনও দিতে পারতাম না।

নিজেকে অপরাধী মনে হতো।

কিন্তু সময়ের সঙ্গে একটা জিনিস বুঝলাম—

ভালোবাসা দেখানোর জন্য সবসময় প্রকাশ করতে হয় না।

কারণ, যখন কেউ আমাদের জীবনে থাকে—
তখন আমরা তার মূল্যটা বুঝতে পারি না।

আর যখন সে চলে যায়—
তখন আমরা স্ট্যাটাস দিয়ে তাকে মনে করি।

তখন বুঝলাম—
আমি স্ট্যাটাস দিইনি, কারণ আমার ভালোবাসায় কোনো কমতি ছিল না।

কারণ, সত্যি বলতে—
আপনার সবচেয়ে আপন মানুষ যখন মারা যায়,
আপনি স্ট্যাটাস দিতে পারবেন না...
আপনি শুধু চুপ করে থাকবেন।

—

তাহলে আমরা "কেয়ার করি না" কথাটা কেন বলি?

আমরা এটা বলি না কারণ আমরা কেয়ার করি না—
আমরা এটা বলি কারণ **আমরা কেয়ার করি**।

কারণ, আপনি যদি সত্যিই কোনো কিছু কেয়ার না করেন—
তাহলে সেটা নিয়ে আপনি ভাববেনই না।

তাহলে আপনি কেন লিখবেন—"আমি কেয়ার করি না"?

—

একটা সহজ উদাহরণ—

আপনি যদি কাউকে পছন্দ না করেন,
তাহলে কি সারাদিন সবাইকে বলে বেড়ান—"আমি তাকে পছন্দ করি না"?

না।

আপনি সেই জায়গাগুলোই এড়িয়ে চলেন,
যেখানে তার কথা ওঠে।

তাই না?

—

তাহলে প্রশ্ন হলো—

কেয়ার করা কি খারাপ?

না, কখনোই না।

বরং কেয়ার করাটা খুবই দরকার।

কারণ, আপনি যদি কাউকে কেয়ার করেন—
তাহলেই সে আপনাকে কেয়ার করবে।

Dale Carnegie বলেছিলেন,
"You can make more friends by being genuinely interested in others."

অর্থাৎ—আপনি অন্যদের প্রতি যতটা আন্তরিক হবেন,
ততটাই সম্পর্ক গড়ে উঠবে।

—

কিন্তু আমরা কী করছি?

আমরা “কুল” দেখানোর জন্য—
অন্যকে কষ্ট দিচ্ছি, অসম্মান করছি।

মিডল ফিঙ্গার দেখাচ্ছি।

একবার ভাবুন—
আজ আপনি যেটা “স্টাইল” ভেবে করছেন,
কয়েক বছর পরে যখন আপনি নিজের পুরনো ছবি দেখবেন—
আপনি নিজেই নিজের উপর হাসবেন।

আর ভাববেন—
“আমি কতটা বোকা ছিলাম!”

আপনি কি চান—আপনার ছেলে-মেয়েরা একদিন
সেই ছবি দেখে ভাবুক—
“আমার বাবা/মা এমন ছিল?”

—

একটা কথা মনে রাখবেন—

আজ আপনি যা করছেন, সেটাই আপনার ভবিষ্যৎ তৈরি করছে।

একটা ছোট ভুল—
ভবিষ্যতে বড় মূল্য চুকাতে হতে পারে।

—

আমাদের আরেকটা বড় সমস্যা—

আমরা অন্যের কাছ থেকে ভালো ব্যবহার আশা করি, কিন্তু নিজেরা ভালো ব্যবহার করি না।

আপনি হয়তো বলবেন—
"না, আমরা তো ভালো ব্যবহার করি!"

হ্যাঁ, করি—
কিন্তু কখন?

যখন আমাদের কোনো স্বার্থ থাকে।

তাহলে বলুন তো—
এটা কি সত্যিকারের ভালো ব্যবহার?

—

আমরা বলি—“আমি কারো কেয়ার করি না”
আর আশা করি—লোক আমাদের কেয়ার করবে।

এটা কীভাবে সম্ভব?

—

এখন একটা গভীর প্রশ্ন—

আমরা কেয়ার করা শিখলাম কীভাবে?

ছোটবেলায় কি আমরা কাউকে কেয়ার করতাম?

না।

একটা বাচ্চাকে যদি কোনো বড় অফিসারের কোলে বসানো হয়—
আর তার যদি প্রস্রাব পায়, সে সঙ্গে সঙ্গে করে দেবে।

সে একবারও ভাববে না—সে কার কোলে আছে।

কিন্তু বড় হয়ে গেলে?

একই অফিসারের সামনে দাঁড়াতে গেলেও ভয় লাগে।

এই পরিবর্তনটা এলো কোথা থেকে?

—

এই পরিবর্তনটা এসেছে **ভয় থেকে**।

ছোট থেকে আমরা শুনতে থাকি—
"এটা করো না"
"ওটা করলে ক্ষতি হবে"
"এভাবে চললে লোক কি বলবে"

এই কথাগুলো আমাদের মাথায় জমতে জমতে—আমাদের ভেতরের সেই সাহসী বাচ্চাটাকে ধীরে ধীরে মেরে ফেলে।

—

Nelson Mandela বলেছিলেন,

"I learned that courage was not the absence of fear, but the triumph over it."

অর্থাৎ—ভয় না থাকাই সাহস না, ভয়কে জয় করাই আসল সাহস।

—

আমরা বড় হই, কিন্তু সাহসী হই না—
আমরা ভীত হয়ে যাই।

তাই কোনো কাজ শুরু করার আগেই আমরা তার খারাপ দিকগুলো ভাবতে থাকি—
আর সেখানেই থেমে যাই।

এটাই আমাদের সবচেয়ে বড় রোগ।

—

ছোটবেলায় যখন জিজ্ঞাসা করা হতো—
"তুমি কী হতে চাও?"
আমরা বলতাম—ডাক্তার, ইঞ্জিনিয়ার, মহাকাশচারী।

কিন্তু ২২ বছর বয়সে জিজ্ঞাসা করলে?
আমরা বলি—
"একটা ছোটখাটো চাকরি হলেই হবে।"

এই পরিবর্তনটা কেন?

কারণ—
আমরা ভয় পেতে শিখেছি।

—

তাই আমাদের বুঝতে হবে—

সমস্যাটা "লোক" না,
সমস্যাটা আমাদের ভেতরের ভয়।

—

এখন প্রশ্ন—সমাধান কী?

আমাদের ভেতরে যে সাহসী সত্তাটা মরে গেছে—
সেটাকে আবার জাগাতে হবে।

আর সেটা খুব কঠিন কিছু না।

আপনি আপনার ভুলগুলো ঠিক করা শুরু করুন। যেগুলো এখনো ঠিক করা সম্ভব—সেগুলো ঠিক করুন।

আর নতুন করে অপ্রয়োজনীয় ভুল করা বন্ধ করুন।

—

যতবার আপনি সঠিক পথে হাঁটবেন,
ততবার আপনার ভেতরের সেই সাহসী মানুষটা বেঁচে উঠবে।

আর যতবার আপনি ভুল পথে যাবেন,
ততবার সে আবার মরে যাবে।

—

শেষে একটা কথা—

আমি কখনো বলিনি সমাজকে মানতে হবে না।

আমরা সমাজ ছাড়া চলতে পারি না,
সমাজও আমাদের ছাড়া চলতে পারে না।

তাই সমাজকে এড়িয়ে না—
সমাজকে বুঝে চলতে শিখুন।

—

Rabindranath Tagore বলেছিলেন,
"মানুষের প্রতি বিশ্বাস হারানো পাপ।"

তাই মানুষকে এড়িয়ে না গিয়ে—
মানুষকে বুঝে, নিজের পথ ঠিক করুন।

—

সবশেষে—

আপনি কাউকে পছন্দ না করলে,
তাকে "আমি কেয়ার করি না" বলার কোনো দরকার নেই।

চুপচাপ নিজের পথে চলুন।

কারণ—

"যে সত্যি কেয়ার করে না,
সে কখনো বলে না—সে কেয়ার করে না।"

বাবা-মা, আমাকে বোঝেনা

পৃথিবীতে যদি আমাদের সবচেয়ে কাছের কেউ থাকে, সেটা হলো—এই দু'জন মানুষ: **বাবা ও মা।**

কিন্তু একটা অদ্ভুত বিষয় খেয়াল করেছেন?

যখন আমরা একটু বড় হই—মানসিকভাবে না, বরং দেহের দিকে—
ঠিক তখন থেকেই আমাদের কাছে বাবা-মা যেন "পুরোনো ধ্যানধারণার" মানুষ হয়ে যায়।

আধুনিক যুগে নিজেদের স্মার্ট প্রমাণ করার জন্য আমরা কী করি জানেন?
নিজেদের বাবা-মাকেই ভুল প্রমাণ করতে থাকি।

আমরা ভুলে যাই—
তাদের হাত ধরেই আমাদের কথা বলা শুরু হয়েছে।

—

বর্তমানে আমাদের সবার একটা কমন অভিযোগ—

"আমি এটা করতে চাই, কিন্তু বাবা করতে দেয় না।"

"আমি ওটা কিনতে চাই, কিন্তু মা কিনে দেয় না।"

তাই নয় কি?

আমরা সোশ্যাল মিডিয়ায় এতটাই ইনফ্লুয়েন্সড হয়ে গেছি যে—

যে যা বলছে, সেটাকেই আমরা সত্যি ধরে নিচ্ছি।

কেউ বলল—

"Follow your passion."

আর আমরা সেটা এমনভাবে ধরে নিলাম যেন জীবনের একমাত্র মন্ত্র এটাই।

তারপর শুরু হয়—

"আমি সিঙ্গার হব, পড়াশোনা ছেড়ে দেবো।"

"আমি পেইন্টিং করব।"

"আমি অভিনেতা হব।"

শুনতে ভালো লাগে, তাই না?

কিন্তু প্রশ্ন হলো—
আপনি কি সত্যিই সেই জায়গার জন্য প্রস্তুত?

—

ধরুন, একটা ছেলে হঠাৎ এসে তার বাবাকে বলল—
"আমি পড়াশোনা করবো না, আমি ক্রিকেটার হব।"

এখন একটু ভেবে দেখুন—

সে কি কোনো বড় ম্যাচ খেলেছে?
সে কি জেলা বা রাজ্য স্তরে খেলেছে?
সে কি তার পাড়ার সেরা খেলোয়াড়?

না।

হয়তো একদিন কয়েকটা ছক্কা মেরেছে,
লোকজন একটু প্রশংসা করেছে—
আর সেখান থেকেই তার স্বপ্ন তৈরি হয়ে গেছে।

এখন বলুন—
আপনি কি তার বাবা হয়ে সঙ্গে সঙ্গে পড়াশোনা ছাড়তে বলবেন?

কখনোই না।

—

এখানেই আমরা একটা বড় ভুল করি।

আমরা ভাবি—
"বাবা-মা আমাকে বুঝে না।"

কিন্তু কখনো কি ভেবে দেখেছেন—
আপনি কি কখনো তাদেরকে ঠিকভাবে বুঝিয়ে বলেছেন?

আপনি কি প্রমাণ করতে পেরেছেন যে—
আপনি যেটা করতে চাইছেন, সেটা নিয়ে আপনি সিরিয়াস?

আপনি নিজেই যদি নিজের ট্যালেন্ট খুঁজে না পান—
তাহলে বাবা-মা সেটা কীভাবে বুঝবে?

—

একটা কথা সবসময় মনে রাখবেন—

আমাদের বাবা-মার প্রতিটা সিদ্ধান্ত তাদের অতীতের অভিজ্ঞতার উপর দাঁড়িয়ে।

হয়তো তারা জীবনে কিছু করতে চেয়েছিল—
কিন্তু পারেনি।

অভাব ছিল, সুযোগ ছিল না,
অথবা ভুল সিদ্ধান্ত নিয়েছিল।

তাই যখন আপনি হঠাৎ একটা বড় সিদ্ধান্ত নেন—
তারা সেখানে তাদের নিজের ব্যর্থতার ছায়া দেখতে পায়।

এবং স্বাভাবিকভাবেই তারা ভয় পায়—
আপনিও যেন সেই একই ভুল না করেন।

—

A. P. J. Abdul Kalam বলেছিলেন,
"Dream is not that which you see while

sleeping, it is something that does not let you sleep."

কিন্তু একটা জিনিস উনি কখনো বলেননি—
"শুধু স্বপ্ন দেখো, পরিশ্রম না করলেও হবে।"

—

তাই রাগারাগি না করে,
অভিমান না করে—

তাদেরকে বোঝান।

প্রমাণ করুন—
আপনি যা করতে চাইছেন, সেটা শুধু ইচ্ছা না,
এটা আপনার প্রস্তুতি, আপনার পরিশ্রম, আপনার
পরিকল্পনা।

আপনি দেখবেন—
যে জিনিসগুলো কিনতে আপনি লজ্জা পাচ্ছেন
বলতে,
সেগুলোই আপনার বাবা-মা নিজের কষ্টের টাকা
দিয়ে কিনে দেবে।

—

জীবনে কিছু জিনিস আছে—
যেগুলো আপনি যতই পড়ুন, যতই শুনুন—
আপনি কখনোই পুরোপুরি বুঝতে পারবেন না।

বাবা-মার জায়গাটা ঠিক তেমনই।

—

আপনি হাজার বই পড়ুন,
হাজার গল্প শুনুন—
তবুও আপনি পুরোপুরি বুঝবেন না—

যতক্ষণ না আপনি নিজে বাবা বা মা হচ্ছেন।

যেদিন হবেন—
সেদিন দেখবেন—

আজ যেসব প্রশ্ন আপনি করছেন,
সেসব প্রশ্নের উত্তর আপনার নিজের কাছেই আছে।

—

কিন্তু তখন একটা কষ্ট থাকবে।

আপনি বারবার অতীতে ফিরে যেতে চাইবেন—
যখন আপনি তাদের সাথে খারাপ ব্যবহার
করেছিলেন।

আপনি চাইবেন—
আরেকবার তাদের সাথে বসে গল্প করতে,
আরেকবার তাদের জড়িয়ে ধরতে।

কিন্তু হয়তো তখন—
তারা আর আপনার কাছে থাকবে না।

—

তখন আপনি রাস্তায় কোনো বয়স্ক মানুষ দেখলে—
তার মধ্যে নিজের বাবাকে খুঁজবেন।

কিন্তু তখন খুঁজে কোনো লাভ হবে না।

—

তাই বলছি—

পরের মধ্যে খুঁজতে যাবেন না,
এখনই নিজের বাবা-মার সাথে সময় কাটান।

তাদের সাথে বসে কথা বলুন,
হাসুন, গল্প করুন।

আপনি হয়তো জানেন না—
আপনার একটা হাসি তাদের দিনের সব কষ্ট দূর করে দিতে পারে।

—

আরেকটা বাস্তব বিষয়—

আজকাল আমরা গ্রাম থেকে শহরে পড়তে বা কাজ করতে যাই।

তারপর কী করি?

নিজেদের "স্মার্ট" দেখানোর জন্য—
আমাদের বাবা-মার পরিচয় দিতে লজ্জা পাই।

ভাবি—

"ওরা তো ভালো পোশাক পরে না।"
"বন্ধুরা কী বলবে?"
"গার্লফ্রেন্ড যদি আমাকে গরিব ভাবে?"

—

একটা কথা মনে রাখবেন—

যে আপনাকে সত্যি ভালোবাসে,
সে কখনো আপনার অতীত বা পরিবার নিয়ে বিচার করবে না।

—

Mother Teresa বলেছিলেন,
"If you want to change the world, go home and love your family."

—

আপনার বাবা-মা যেমনই হোক—
তারা আপনার গর্ব।

তাদের লুকিয়ে রাখার নয়,
তাদের নিয়ে গর্ব করার কথা।

—

শেষে একটা ছোট বাস্তব গল্প বলি—

একটা ছেলে শহরে পড়তে গিয়েছিল।
বন্ধুদের সামনে সে কখনো তার বাবার কথা বলত না,
কারণ তার বাবা ছিলেন একজন সাধারণ কৃষক।

একদিন কলেজে "Parents Day" ছিল।
সবাই তাদের বাবা-মাকে নিয়ে এলো।

ছেলেটার বাবা গ্রাম থেকে পুরোনো পোশাক পরে এলেন।
ছেলেটা দূরে দাঁড়িয়ে ছিল—লজ্জায়।

কিন্তু যখন মঞ্চে ঘোষণা হলো—
"এই ছাত্রটি আজ স্কলারশিপ পেয়েছে তার বাবার পরিশ্রমের জন্য"—
তখন সবাই হাততালি দিল।

ছেলেটা তখন বুঝল—
যাকে সে লুকাতে চেয়েছিল,
সেই মানুষটাই তার সবচেয়ে বড় পরিচয়।

সেদিন সে দৌড়ে গিয়ে তার বাবাকে জড়িয়ে ধরেছিল।

—

তাই বলছি—

আপনার বাবা-মা আপনার দুর্বলতা নয়
তারা আপনার সবচেয়ে বড় শক্তি।

তাদের কখনো ছোট করে দেখবেন না,
কারণ—

আপনি বড় হয়েছেন,
কিন্তু তারা আপনাকে বড় করেছেন।

মিথ্যে পৃথিবী

Fake... Fake... Fake...

"Fake"—এই শব্দটা আজকের দিনে এতটাই পরিচিত, এতটাই ব্যবহার করা হয় যে, মনে হয় আমাদের চারপাশের প্রায় সবকিছুর সাথেই এটা জড়িয়ে গেছে।

আজ আপনি যেদিকে তাকান—
যা কিনছেন, যা খাচ্ছেন, যা পরছেন—
সবকিছুর মধ্যেই যেন একটা প্রশ্ন লুকিয়ে আছে—
এটা আসল তো?

আর ধীরে ধীরে জিনিস থেকে মানুষেও এই "fake" ঢুকে পড়েছে।

এখন অনেক সময় মানুষের কথাবার্তা, ব্যবহার, হাসি—সবকিছুই কেমন যেন কৃত্রিম লাগে।
মনে হয়—সবটাই একটা অভিনয়।

তাই নয় কি?

—

এই "fake" শব্দটা এখন আমাদের জীবনে একটা বিষের মতো ছড়িয়ে পড়েছে।
আর সবচেয়ে বড় সমস্যা হলো—
এটা আমাদের ভালো থাকতে দিচ্ছে না।

তাই আমাদের খুঁজে বের করতে হবে—
আমাদের জীবনের কোন কোন জায়গায় এই "fake" ঢুকে পড়েছে।

আর যতক্ষণ না আমরা সেটাকে থামাতে পারছি, ততক্ষণ আমরা সত্যিকারের ভালো থাকতে পারব না।

—

চলুন, বিষয়টা একটু ভেঙে দেখি।

আজকের দিনে আমরা "দেখাতে" বেশি পছন্দ করি।

বিশ্বাস হচ্ছে না?

একবার যেকোনো মানুষের সোশ্যাল মিডিয়া খুলে দেখুন—
Facebook, Instagram, WhatsApp—

সব জায়গায় আপনি দেখবেন—
একজন আরেকজনের চেয়ে বেশি ভালো আছে, বেশি সুখে আছে, বেশি ধনী।

মনে হবে—
তাদের জীবনে কোনো সমস্যাই নেই।

কিন্তু বাস্তবে?

বাস্তবে দেখবেন—
একজন আরেকজনের চেয়ে বেশি কষ্টে আছে, বেশি চাপের মধ্যে আছে।

আর এই দেখাদেখির খেলায় আমরা নিজেরাও ঢুকে পড়ি।

আমরা ব্যস্ত হয়ে পড়ি—
"ওর থেকে আমি কিভাবে বড় দেখাবো?"

আমাদের নিজের জীবনে যতই সমস্যা থাকুক না কেন—
আমরা সেটা লুকিয়ে রাখি।

—

ধীরে ধীরে আমরা ভুলে যাচ্ছি—
আমাদের আসল প্রয়োজনটা কী।

আমরা এখন এমন হয়ে গেছি—
"ও নিয়েছে, তাই আমাকেও নিতে হবে।"

কিন্তু একটা প্রশ্ন—

ওর প্রয়োজন আর আপনার প্রয়োজন কি এক?

না।

তাহলে আপনি কেন নিচ্ছেন?

—

আমি একটা ছোট্ট বাস্তব ঘটনা বলি।

আমি তখন বর্ধমানের একটা হোস্টেলে পড়তাম।

সেখানে প্রায় সবাই সিগারেট খেত, মদ খেত।

একদিন আমি পাশে বসা এক ছেলেকে জিজ্ঞেস করলাম—
"তুই সিগারেট খাচ্ছিস কেন?"

সে বলল—
"এমনি... নিজেকে মডার্ন দেখানোর জন্য।
এটা এখন ট্রেন্ড। না খেলে মজা নেই।"

আমি তাকে বললাম—

"মডার্ন হতে গেলে কি সত্যিই সিগারেট খেতে হবে?"

সে একটু চুপ করে ছিল।

আমি আবার বললাম—

"তুই নিজের জন্য খাচ্ছিস না,
তুই অন্যদের মতো দেখানোর জন্য খাচ্ছিস।"

"আজকে কলেজে আছিস, তাই মনে হচ্ছে এটা কুল।
কিন্তু কয়েক বছর পর যখন এটা ছাড়তে পারবি না—
তখন বুঝবি এটা কখনোই ট্রেন্ড ছিল না।"

—

সেই দিনটার পর থেকে আজ পর্যন্ত—
আমি কোনোদিন সিগারেট ছুঁইনি।

কারণ আমার ভেতরে সবসময় একটা কথা কাজ করত—
"আমি অন্তত নিজের কাছে fake হব না।"

(এর মানে এই না যে যারা খায় তারা খারাপ—
আমি শুধু নিজের সিদ্ধান্তের কথা বলছি।)

—

ঠিক এইভাবেই আমরা নিজেদেরকে fake করে তুলছি।

আমরা এখন নিজেদেরকে সেলিব্রিটি ভাবতে শুরু করেছি।

আমরা এমন একটা জীবন দেখাতে চাই—
যেটা আসলে আমাদের নয়।

"ও ভালো ক্যামেরা কিনেছে—আমাকেও কিনতে হবে।"
"ও ভ্লগ করছে—আমাকেও করতে হবে।"

কিন্তু একটা জিনিস বুঝতে হবে—

আমরা সবাই সেলিব্রিটি না।
আর সবাইকে সেলিব্রিটি হতে হবে এমন কোনো নিয়মও নেই।

—

Warren Buffett বলেছিলেন,
"If you try to be someone else, you lose your uniqueness."

—

আমরা যখন নিজের জীবনটা বাদ দিয়ে অন্যের জীবন ফলো করতে শুরু করি—
তখন আমরা নিজের জীবনের আনন্দটাই হারিয়ে ফেলি।

আপনার জীবন কি কম?

না।

তাহলে আপনি আনন্দ পাচ্ছেন না কেন?

কারণ—
আপনি নিজের জীবনটা উপভোগ করছেন না,
আপনি অন্যের জীবন কপি করছেন।

—

আজকাল সবাই "ইনফ্লুয়েন্সার" হতে চায়।
ইউটিউবার হতে চায়।

YouTube খুললেই দেখবেন—
লাখ লাখ মানুষ একই কাজ করছে।

কিন্তু একটা প্রশ্ন—

আপনি কি জানেন আপনি কেন এটা করছেন?

না।

আপনি শুধু দেখেছেন—
ও করছে, তাই আমিও করব।

—

অনেকে তো পড়াশোনাও ছেড়ে দিচ্ছে এসবের জন্য।

কিন্তু সত্যিটা হলো—

পড়াশোনা আপনার স্বপ্নের শত্রু না,
পড়াশোনা আপনার স্বপ্নকে শক্ত ভিত্তি দেয়।

—

আর একটা বড় সত্য—

সব কাজ সবার জন্য না।

আমি নিজেই এক সময় ভাবতাম—
সবকিছুই আমি করতে পারব।

আমি গান শিখেছি, গিটার শিখেছি।
চেষ্টা কম ছিল না।

কিন্তু সত্যিটা হলো—
আমি সিঙ্গার হওয়ার জন্য তৈরি না।

তারপর আমি বুঝলাম—
আমি কথা বলতে পারি, মানুষকে বোঝাতে পারি।

সেখান থেকেই আমি নিজের পথটা খুঁজে পেলাম।

—

তাই নিজের আইডিয়াল বেছে নেওয়ার আগে—
দেখুন সে সত্যিই আপনার আইডিয়াল হওয়ার যোগ্য কিনা।

—

আরেকটা গুরুত্বপূর্ণ বিষয়—

আজ আমরা এতটাই fake দুনিয়ার সাথে জড়িয়ে গেছি যে—
আমরা নিজের আসল রূপটা দেখাতে ভয় পাই।

আমরা ফিল্টার ছাড়া ছবি দিতে পারি না।
আমরা লাইক-কমেন্টের জন্য নিজেকে বদলে ফেলি।

—

আমরা বলি—
"মেয়েরা বেশি মেকআপ করে।"

কিন্তু কখনো ভেবেছেন—
তারা কেন করে?

কারণ আমরা তাদের আসল রূপকে গ্রহণ করতে পারি না।

আমরা নিজেরাই এমন একটা স্ট্যান্ডার্ড তৈরি করেছি—
যেখানে "natural" আর "perfect" এক না।

—

Coco Chanel বলেছিলেন,
"Beauty begins the moment you decide to be yourself."

—

যেদিন আমরা ফিল্টারের বাইরে থাকা মানুষটাকে
ভালোবাসতে শিখব—
সেদিন ফিল্টারের দরকারই পড়বে না।

—

একটা বড় সত্য—

আমাদের প্রত্যেকটা সিদ্ধান্ত এই পৃথিবীকে একটু
করে বদলে দেয়।

আপনি যদি খাঁটি জিনিস পছন্দ করেন—
তাহলে বাজারেও খাঁটি জিনিস আসতে শুরু করবে।

আপনি যদি fake পছন্দ করেন—
fake-ই পাবেন।

—

তাই পরিবর্তনটা শুরু করতে হবে নিজের থেকে।

এই fake দুনিয়া তৈরি হয়েছে—
কিছু fake মানুষ আর আমাদের ভুল বোঝার কারণে।

এটা ঠিক করা সম্ভব—
শুধু তখনই, যখন আমরা সত্যিকারের শিক্ষিত হব।

—

আমি ডিগ্রির কথা বলছি না,
আমি বলছি—**সচেতনতার শিক্ষা**।

Swami Vivekananda বলেছিলেন,
"Education is the manifestation of the perfection already in man."

—

যখন আপনি সত্যিকারের শিক্ষিত হবেন—
তখন আপনি fake আর real-এর পার্থক্য বুঝতে পারবেন।

তখন আপনি নিজে fake হবেন না,
আর অন্যদেরও সেই পথ থেকে বের করে আনতে
পারবেন।

—

শেষে একটা কথা—

যেদিন আপনি নিজের মতো করে বাঁচতে শিখবেন,
সেদিন আপনি কাউকে হারানোর ভয় পাবেন না,
কাউকে কিছু দেখানোরও দরকার হবে না।

আর সেদিন থেকেই—
আপনি সত্যিকারের ভালো থাকতে শুরু করবেন।

নিজের পৃথিবী তৈরি করুন

দেখতে দেখতে আমরা শেষ চ্যাপ্টারে এসে পৌঁছে গেছি। সত্যি বলতে, আমিও ভাবিনি এতগুলো পাতা লিখে ফেলব। কেন জানি না, আপনার সাথে একটা অদ্ভুত সম্পর্ক তৈরি হয়ে গেছে... তাই শেষ করতে ইচ্ছে করছে না। তবুও, একরাশ আনন্দ আর একটু কষ্ট নিয়ে বিদায়টা জানাতেই হচ্ছে।

আমি কখনো এতটা খুলে কাউকে কিছু বলিনি। এই বইটা যতবার পড়বেন, একটা কথা মনে রাখবেন—আমি আপনাদের চেয়েও সাধারণ একজন মানুষ। আপনার মতোই স্বপ্ন দেখি, নিজেকে বদলাতে চাই, নতুনভাবে সমাজের সামনে দাঁড়াতে চাই। আমি লেখক হিসেবে নিজেকে প্রমাণ করতে চাই না, আমি শুধু আপনারই একটা রূপ—যে আপনাকে কিছু কথা মনে করিয়ে দিতে এসেছে। ভাবতে পারেন, আমি আপনার সেই বন্ধুই, যে চুপচাপ পাশে থেকে আপনাকে একটু এগিয়ে দিতে চায়।

—

“নিজের পৃথিবী বানাও’ — এই নামটা কেন?

আপনাদের মনে প্রশ্ন আসতেই পারে—এই অধ্যায়ের নাম “নিজের পৃথিবী বানাও” কেন?

এতক্ষণ আমরা আলোচনা করেছি, কীভাবে নিজেকে এই পৃথিবীর সামনে তুলে ধরবেন। কিন্তু এবার একটু উল্টোভাবে ভাবুন—চলুন না আমরা নিজেদের একটা ছোট পৃথিবী তৈরি করি। যেখানে থাকবে শুধু সেই মানুষগুলো, যাদের আমরা ভালোবাসি... আর যারা আমাদের ভালোবাসে। যেখানে সবকিছু হবে নিজের মতো, নিজের নিয়মে... একদম কল্পনার মতো।

কিন্তু এই পৃথিবী বানাতে গেলে একটা জিনিসের জন্য প্রস্তুত থাকতে হবে—
কঠিন বাস্তবের মুখোমুখি হওয়া।

পারবেন তো?

কারণ সেখানে থাকবে ব্যর্থতা... থাকবে একাকীত্ব... থাকবে কিছু কঠিন সত্য।

—

প্রথম কঠিন সত্য

আপনি যত বড় হবেন, তত কমে যাবে সেই মানুষগুলো যারা আপনাকে জিজ্ঞাসা করবে—
"আজ তোমার দিনটা কেমন গেল?"
"তুমি ভালো আছো তো?"

শুনতে কষ্ট লাগে, কিন্তু এটাই সত্যি—
আপনার জীবনে কি হলো, না হলো... পৃথিবীর বেশিরভাগ মানুষের তাতে কিছুই যায় আসে না।

তাই প্রথম কাজ—নিজেকে নিজের মতো করে তৈরি করা। প্রতিদিন কিছু না কিছু নতুন শেখা। কারণ আপনি নিজেই যদি নিজেকে উন্নত না করেন, তাহলে অন্য কেউ কেন আপনার পৃথিবীতে থাকতে চাইবে?

—

দ্বিতীয় কঠিন সত্য

যাদের আপনি মন থেকে ভালোবাসবেন, তাদের একদিন না একদিন আপনাকে ছেড়ে যেতে হবেই।

এই কথাটা খুব কষ্টের... কিন্তু সত্যি।

তাই কাউকে ভালোবাসুন, কিন্তু নিজের সম্মান হারিয়ে নয়।
নিজেকে ছোট করে নয়।

যতটা ভালোবাসলে আপনি নিজের কাছে ঠিক থাকেন—ঠিক ততটাই।

—

বন্ধু আর সম্পর্কের বাস্তবতা

আপনি যত ভালো বন্ধু বানান না কেন, সবাই সারাজীবন থাকবে না।

তাই নিজের জীবনের একটা সীমা ঠিক করুন।
ধরুন আপনি ঠিক করলেন—আপনার জীবনে ১০

জন ঘনিষ্ঠ মানুষ থাকবে। কেউ চলে গেলে, তাকে সময় দিন... কিন্তু সেই জায়গাটা চিরকাল খালি রাখবেন না।

শুনতে একটু কঠিন লাগছে, তাই না?

কিন্তু জীবন এমনই।

—

সোশ্যাল মিডিয়া—সবচেয়ে বড় ফাঁদ

একটা বাস্তব উদাহরণ দিই—

রাতে একটা মোটিভেশনাল ভিডিও দেখে আপনি ঠিক করলেন—
"কাল থেকে দৌড়ানো শুরু করব।"

কিন্তু সকালে উঠে ফেসবুক খুললেন... দেখলেন আপনার এক বন্ধু সিক্স প্যাক বানিয়ে ফেলেছে (ফিল্টার দিয়ে □)।

ব্যাস! আপনার সব মোটিভেশন শেষ।

কিন্তু যদি আপনি সেই সময়টা ফেসবুক না খুলতেন, তাহলে হয়তো আপনার প্রথম দৌড়টা শেষ হয়ে যেত।

তাই একটা কথা মনে রাখবেন—

যা আপনার কাজে লাগে না, সেটা থেকে দূরে থাকাই বুদ্ধিমানের কাজ।

—

সময়—সবচেয়ে কম যে জিনিসটা

আমরা ভাবি আমাদের হাতে অনেক সময় আছে।

আসলে... একদমই নেই।

তাই সময়কে মূল্য দিন। গেম, অযথা স্ক্রলিং—এই জিনিসগুলো আপনাকে কিছু দেবে না। বরং আপনার লক্ষ্য থেকে দূরে সরিয়ে দেবে।

—

স্বাধীনতা বনাম নিয়ন্ত্রণ

আমরা সবাই স্বাধীনতা চাই।

কিন্তু একটা কথা মনে রাখবেন—
অতিরিক্ত স্বাধীনতা মানুষকে বেপরোয়া করে তোলে।

তাই নিজেকে কিছু নিয়মের মধ্যে রাখুন।
এই নিয়মই আপনাকে গন্তব্যে পৌঁছাতে সাহায্য করবে।

—

নিজেকে বদলাবেন না.. কিন্তু ভুলে যাবেন না

শেষে একটা কথা বলব, যেটা শুনে আপনি অবাক হতে পারেন—

পুরো বই জুড়ে আমি আপনাকে বদলাতে বললাম...
আর এখন বলছি—**নিজেকে বদলাবেন না।**

মানে?

আপনার আসল উদ্দেশ্যটা ভুলবেন না।

যখন আপনি স্বপ্ন দেখেন—আপনার উদ্দেশ্য থাকে ভালো কিছু করা। কিন্তু যখন সেই স্বপ্ন পূরণ হয়ে

যায়, তখন অনেকেই নিজের স্বার্থের জন্য সেই অবস্থান ব্যবহার করতে শুরু করে।

আর সেখান থেকেই শুরু হয় পতন।

—

"Be yourself; everyone else is already taken."

— Oscar Wilde

—

ক্ষমা করতে শিখুন

জীবনে অনেক মানুষ আসবে—
কেউ কষ্ট দেবে, কেউ ভালোবাসতে শেখাবে।

যারা কষ্ট দিয়েছে, তাদের ক্ষমা করে দিন।

কারণ—

ক্ষমা করা মানে তাদের জন্য নয়, নিজের শান্তির জন্য।

—

জীবন খুব ছোট

এই পৃথিবীতে আমরা চিরকাল থাকার জন্য আসিনি।

তাহলে এত রাগ, এত অভিমান কিসের?

নতুন মানুষদের সাথে মিশুন, নতুন অভিজ্ঞতা নিন।
জীবনটা একটু বড় করে দেখুন।

—

শেষ কিছু কথা

নিজেকে এমনভাবে তৈরি করুন—
যেন আপনি চলে গেলে মানুষ বলে,
"একজন মানুষ ছিল... সত্যিই ভালো।"

তাহলেই আপনার জীবন সার্থক।

—

আমি জানি, যেতে ইচ্ছে করছে না... কিন্তু শেষ তো করতেই হবে। কারণ যার শুরু আছে, তার শেষও আছে।

এটা আমার প্রথম বই। ভুলত্রুটি থাকলে ক্ষমা করে দেবেন।

আমি সাহিত্য নিয়ে পড়াশোনা করিনি, কিন্তু মন থেকে লিখেছি।

আমার নাম...
দেখানোর জন্য না—
আপনার জন্য—

মমিনুল।

যদি কখনো মনে হয় আপনার কথা বলার কেউ নেই, আমাকে লিখতে পারেন। আমি চেষ্টা করব আপনার পাশে একজন বন্ধুর মতো দাঁড়াতে।

—

ভালো থাকুন, সুস্থ থাকুন, নিজের খেয়াল রাখবেন।

শেষ নোট

*আমাদের বুঝতে হবে আসলে ভালো থাকার জন্য কি দরকার।

*টাকা পয়সা বন্ধু-বান্ধব এগুলো কিছুই ভালো থাকার মাপকাঠি নয় , এগুলো শুধুমাত্র ভালো থাকার জন্য একটু সাহায্য করতে পারে মাত্র।

*জীবনে সঠিক বন্ধু নির্বাচন করুন।

*খারাপ বন্ধু থাকার চেয়ে কোন বন্ধু না থাকা অনেক ভালো।

*ভালোবাসার জন্য সবকিছু ত্যাগ করার পরিবর্তে ভালো সঙ্গী নির্বাচন করার চেষ্টা করুন।

*আপনি যা করবেন তার ফল ভোগ করার জন্য অপেক্ষা করতে থাকুন সেটা ভাল কাজ কিংবা ভালো খারাপ কাজ হতে পারে।

লেখক

মমিনুল আমিন

এর অন্যান্য জনপ্রিয় বইসমূহ

আমার গল্প বলবো কাকে?

ব্রেকআপ থেকে ফিরে আসার একমাত্র বই

ভালোবাসার মানুষকে হারানোর বেদনা, একাকিত্বের কষ্ট আর ভেঙে পড়া মনকে নতুন করে গড়ে তোলার বাস্তব গল্প, অনুপ্রেরণা এবং কার্যকর উপায় নিয়ে লেখা—এটি সেই বই, যা আপনাকে আবার বাঁচতে শেখাবে।

- ভেঙে যাওয়ার পর নিজেকে ফিরে পাওয়ার উপায়
- অতীতরে কষ্ট ভুলে নতুন করে শুরু করার দিশা
- একাকিত্বকে শক্তিতে রূপান্তর করার কৌশল
- মনের শান্তি, আত্মবিশ্বাস ও ইতিবাচক জীবনের গাইড

BUY NOW IN Flipkart | amazon

ছেলেবেলার দিনগুলো

সোনালী স্মৃতির ছোঁয়ায় গড়া এক অপূর্ব যাত্রা

ছেলেবেলার সেই নির্ভেজাল দিনগুলো, বন্ধু, খেলাধুলা, গ্রামের প্রাকৃতিক সৌন্দর্য আর হারিয়ে যাওয়া সময়ের অমূল্য স্মৃতিকে ধরে রাখার এক আবেগঘন গল্প।

- শৈশবের সুন্দর স্মৃতির আবেগঘন গল্প
- বন্ধুত্ব, সম্পর্ক ও নির্ভেজাল ভালোবাসার কাহিনি
- গ্রামের প্রাকৃতিক সৌন্দর্যের মনোমুগ্ধকর চিত্র
- হারিয়ে যাওয়া দিনের নস্টালজিয়ায় ভরা এক যাত্রা

BUY NOW IN Flipkart | amazon

একগুচ্ছ অভিযোগ

কাছের মানুষদের প্রতি না পাওয়ার অভিযোগ

যে কথাগুলো বলা হয়নি, যে কষ্টগুলো জমে ছিল মনের গভীরে—সেই সব না বলা অভিযোগের আবেগঘন প্রকাশ এই বই।

- না বলা কষ্ট ও অভিমানকে প্রকাশের সুযোগ
- সম্পর্কের দূরত্ব কমানোর বাস্তব দিকনির্দেশনা
- অভিযোগ থেকে মুক্তি ও ক্ষমার চর্চা
- সম্পর্ককে সুন্দর ও টেকসই করার উপায়

BUY NOW IN Flipkart | amazon

"একটি ভালো বই হতে পারে আপনার জীবনের মোড় ঘুরিয়ে দেওয়ার কারণ।"

www.ingramcontent.com/pod-product-compliance
Lightning Source LLC
La Vergne TN
LVHW102005210926
848483LV00009B/2
* 9 7 9 8 9 0 4 3 1 8 7 8 9 *